学术委员会

（按姓氏拼音字母排序）

陈广汉　封小云

郭正林　饶美蛟

王　珺　许学强

杨允中

编辑委员会

（按姓氏拼音字母排序）

陈广汉　陈丽君

黎熙元　刘祖云

毛艳华　袁持平

周运源

主　　编：陈广汉　黎熙元
编 辑 部：张光南　郑婉卿
编辑部地址：广州新港西路135号中山大学港澳珠江三角洲研究中心《当代港澳研究》编辑部，510275
电　　话：(020) 84113236
传　　真：(020) 84036749
电子邮件：jshkmac@ mail. sysu. edu. cn
网　　址：http://hkmac. sysu. edu. cn

陈广汉　黎熙元　主编

当代港澳研究

第 11 辑

中山大学出版社
·广州·

版权所有　翻印必究

图书在版编目（CIP）数据

当代港澳研究·第 11 辑/陈广汉，黎熙元主编. —广州：中山大学出版社，2013.10

ISBN 978-7-306-04305-4

Ⅰ. ①当… Ⅱ. ①陈… ②黎… Ⅲ. ①区域经济发展—香港—文集 ②区域经济发展—澳门—文集 Ⅳ. ①F127.658-53 ②F127.659-53

中国版本图书馆 CIP 数据核字（2013）第 250620 号

出 版 人：	徐　劲
策划编辑：	李海东
责任编辑：	李海东
书名题词：	廖蕴玉
封面设计：	林绵华
责任校对：	李海东
责任技编：	何雅涛
出版发行：	中山大学出版社
电　　话：	编辑部 020-84111996，84113349，84111997，84110779
	发行部 020-84111998，84111981，84111160
地　　址：	广州市新港西路 135 号
邮　　编：	510275　传　真：020-84036565
网　　址：	http://www.zsup.com.cn　E-mail: zdcbs@mail.sysu.edu.cn
印　刷　者：	东莞虎彩印刷有限公司
规　　格：	787mm×1092mm　1/16　9 印张　200 千字
版次印次：	2013 年 10 月第 1 版　2013 年 10 月第 1 次印刷
定　　价：	28.00 元

如发现本书因印装质量影响阅读，请与出版社发行部联系调换

目　录

专题：香港自由行研究

编者按语 ··· 黎熙元　1
香港社会 2012：跨境与边界控制 ·· 黎熙元　2
自由行对香港各个行业薪资的影响 ······································· 王　煜　11
中国内地游客对香港的经济影响分析
　　——基于游客人数与物价变动的关系研究 ······················ 岑伟波　21

港澳专题

香港产业结构演变与经济增长关系的实证研究
　　——基于四大支柱产业 ·· 陈雄超　35
构建中国四法域统一的国际海上货运代理制度 ······················ 李　可　46
香港特区政治体制模式的特征分析 ······································· 许　昌　57
事件研究法对香港股市效率的分析 ······································· 杨　柱　65
澳门产业结构优化动力机制的构建分析 ································ 谢四德　76
澳门华商何贤研究述评 ······································· 胡　芸　夏　泉　96
澳门现金分享计划及其制度化方向 ······································· 鄞益奋　104

中国经济论坛

我国金融服务贸易与经济增长关系的 VAR 模型分析 ············· 王亚丹　111

Contents ··· 127
征稿启事 ··· 131
投稿方式说明 ··· 132
稿件体例 ··· 133

专题：香港自由行研究

编者按语

黎熙元

近两年来，香港大众舆论关于"香港个人游计划"的讨论非常热烈，正反两方面的理由看起来都很充分。正方认为它带来大量外来消费，直接推动了香港服务业的扩张，提高了就业率，对香港经济增长具有难以替代的积极作用。反方认为它带来的收益主要使大资产者受惠，中下层市民分享不多，游客却挤占了市民的日常生活空间，大量输入性需求推高了香港本地物价。双方争论的焦点显然不仅仅是把"香港个人游计划"视为一个经济论题，而是把它视为一个政治论题来讨论，关键点是香港与内地关系发展的深度和广度。

本专题有两篇文章从经济学的角度来回应这些舆论最重要的争论点：经济增长和产业发展、收入分配和"拥挤"效应。通过数据分析，细心的读者能够找到"香港个人游计划"的具体作用点和作用效果。另有一篇文章则从社会学的角度，分析关于"香港个人游计划"的争论其实包含了多种不同的意图，反映出即使在最讲究自由资本主义的香港，经济增长也不可能是公众唯一的关注点。

香港社会2012：跨境与边界控制

黎熙元

摘　要：本文回顾了2012年香港发生的三次针对内地人跨境活动的社会运动及其后推出的政策措施，指出香港对其与内地之间的边界控制自2003年之后越来越严紧，与内地对香港越来越开放的趋势相反。这种变化反映出香港社会对本土利益及其与内地的关系正在经历一个反思的过程。

关键词：跨境流动；边界控制；香港与内地关系

自2003年"香港个人游计划"（以下简称"个人游"）实施以来，前往香港的内地游客总量连年上升，香港旅游发展局预计2013年内地访港游客将超过5000万人次。内地游客的访港活动也早已超出了观光、团聚、会议等传统范围，扩展到医疗、生子、上学、走"水货"等新领域。2012年是香港市民对内地游客活动表达不满最多的一年，年内发生的比较大型的社会运动包括香港与内地网民骂战、抵制内地孕妇来港生育、"光复上水"行动，以及较小型的抗议活动如限制内地人在香港置业、限制内地人抢购奶粉、搁置"自驾游"、取消"一签多行"等。"个人游"在香港大众舆论中几乎成为一"虎"——谈"虎"色变。然而，"个人游"推出时，全港上下曾一致认为这是中央政府的一项"福政"，对香港振兴经济、增加就业具有直接、快速、正面的作用。港人对"个人游"态度的转变，不仅反映了香港社会近10年的结构变化，也揭示出香港经济和社会、物质和观念、制度规制和全球化之间的内在矛盾。

一、边界与跨境流动

边界具有多种存在形式，它可以是物理的、有形的，用以划分空间和管辖范围，也可以是观念的、无形的，用以区分不同制度、不同利益和不同社群与文化。边界的功能在于控制流动性，是控制外界和自我保护的产物。市场依靠资金、物资和劳动力的流动而生长和繁荣，市场的发展会跨越、冲击乃至拆除边界。但是，就一个管辖权确定的地区而言，其空间和资源等可控利益是有限的，同时传承性的观念和身份认同也是有限的，利益控制和认同必须构建、维护和巩固边界。这样，市场发展、社会整合和行政管理三者对边界的设置必定不断产生矛盾冲突。由于一个地区内各社会阶层和群体在市场利益分配中不均等，对边界开放的速度、程度的看法就有所不同，因此，边界的确定是界内和界外社群的经济利益和非经济利益冲突、协商的结果。

国界是最重要和最显然的边界，贸易壁垒、移民法例一直是论辩最多的话题。资本主义的全球化发展牵动了各国国内外各大小区域生产分工和消费格局的变动，同时也推动了相近行政区的区域化整合，于是边界和跨境的学术讨论近20年来成为非常重要的论题。跨境流动不仅在时间和空间两方面的发生频率比跨国流动更高，而且在中观或微观的层面更细致而准确地反映出流动的特征和边界的特质。近期研究认为，跨国流动与跨境流动特征的相似性在于：流动是往返双向或多向的、边境两边的社会通过移民保持持续的联络和互相影响，这种流动受到边境规制的限制和移居地社会特征的影响。

香港是一个自由港，并实行自由市场和自由企业制度，在全球自由经济体排名中常名列前茅，被经济学家弗里德曼称为"自由市场经济典范"。无论是香港还是国际的政界、学界都一致把香港塑造为全球化的、自由的、没有边界的区域。虽然1997年以前香港与内地之间一直存在严格控制的边界，但这个边界主要是内地出于自我保护而设立的，具有主权的性质。基于保证香港顺利回归、保持香港繁荣稳定的目标，中央政府在香港回归后实施"一国两制"，香港与内地之间的边界功能就变成维护两地不同制度，具有政治或政策的性质。主权统一必然推动区域互相开放，也必然推动制度体制的互相整合。从经济学的角度来看，区域之间消除壁垒从而扩展市场，使比较优势能够充分发挥，各方都会从中获益；从社会文化的角度来看，持续的互动能够减少彼此之间的差异而使区域文化趋同。因此从逻辑上看，香港与内地边界的放松或开放是必然趋势。在地方层面，临近香港的深圳乃至广东等各级行政区正致力于推动区域经济一体化、制度衔接和社会沟通互动；在国家层面，通过协调不同制度和社会经济互动以减少差异，从根本上有利于贯彻中国的单一制国家体制，因此中央政府也大力支持地方合作与整合。同时，香港政府也回应本地资本和市场的要求，致力于改善制度和基础设施等方面与内地的协调问题。香港与内地先后签订了CEPA及多个补充协议（"个人游"就是CEPA附件的内容之一）；香港与内地各省市之间还签订了一系列经贸合作协议，如被称为"一签多行"的深港旅游签证协议。这样，在经济市场的推动下，香港与内地之间的边界控制在2003年之后逐渐变得宽松。

2003—2008年内地经济持续高速增长，同时香港与内地之间跨境制度宽松、过关程序便利化和交通设施对接，吸引了大量香港居民返回内地投资、创业和居住，其中2005年人数最多——40万人长期在内地居住，26万人在内地工作。2008年金融风暴之后，人民币汇率持续上升，高于港元对美元汇率，在内地生活消费变得不经济，港人在内地工作和生活的人数逐年下降，2010年下降至17.5万人。① 即使如此，这些两地生活的港人跨境频率仍然很高，平均每周往返一次。

反过来，内地到香港工作、旅游的人数越来越多。自"个人游"实施后的2004—2012年8年间，访港旅客人次增长2倍多。随着内地访港人数增长，其他类型的跨境活动也不断增长。例如，内地家庭的港生婴儿数量增长8倍多；跨境学童是稍后出现的现象，3年间也成倍增长（表1）。

---

① 香港特区政府统计处：《第57号专题报告书》，2011年10月。

表1　内地居民的跨境人数变化

年　份	内地访港人数/百万人次	内地父母的港生婴儿数/人	跨境学童人数/人
2004	2180	4102	
2006	2500	16044	
2008	2950	25269	6768
2010	3603	41000	9899
2012	4860	35736（2011年）	12865

数据来源：香港特区政府出入境处。

来自内地的巨大客流量及其消费需求，似乎大大超过了香港业已形成的服务供给体系的承受力，这个体系原本只是为满足本土700多万居民和每年约500万游客（2003年以前的年度平均游客数量）的需求。内地游客及其多种多样的跨境活动在香港不同服务领域和城市空间引起了程度不同的拥挤、短缺甚至混乱，至2012年终于爆发多宗香港与内地居民对立的事件。香港居民的情绪也极大影响了2012年上台的新行政长官及其班子的政策方向，政府采取了多项政策措施加强管制，甚至关闭原来趋于开放的边界。

二、边境管制的演进

香港与内地之间跨境活动与边境管制关系的演进在2012年集中体现在三个事件上：内地家庭跨境生育，粤港"自驾游"计划，打击"水货客"与限制奶粉出境。

（一）内地家庭跨境生育

1980年以后我国内地严格执行的计划生育措施，在各地的实施细则都有所不同。因此，一直以来有意多生孩子的家庭都努力寻找可行的方式和地方生孩子，富裕的家庭选择到美国、加拿大、巴西等根据本地出生证明来登记为本地居民的国家生孩子，不太富裕的家庭则选择到国内不发达的乡村去生孩子。由于超生的孩子已登记为外国人或外地人，家庭所在地的计生部门通常就不会主动追究。"个人游"实施以后，有意多生孩子的内地家庭很快认识到去香港生孩子是一条方便、节省、可靠的途径，于是内地家庭赴港生子的个案在2004—2010年间迅速上升，至2010年内地家庭的香港新生婴儿数量达到41000个，与香港本地居民的新生婴儿数量相若。[①] 随着内地孕妇赴港生子的人数越来越多，原来只承担700多万人口服务量的香港医院妇产科出现床

---

① 详细分析参见黎熙元：《内地孕妇赴港生子的家庭策略特征及其影响》，陈广汉、黎熙元主编：《当代港澳研究》第6辑，中山大学出版社2012年版。

位、医生和护士短缺,造成公立、私立医院之间互相竞争招收医生、护士。为了应对这项意料之外的大生意、重整医疗秩序,香港医院管理局于2007年公布两项措施:一是预约,非本地孕妇必须在公立、私立医院预约服务,凭预约文件过关;预约配额由医院和医院管理局协商。二是收费标准,公立医院对预约个案收费3.9万港元,对非预约个案收费4.8万港元。这两项措施的出台刺激了私立医院之间的竞争,不少私立医院立即投资扩张规模,力求增加配额。由于对内地家庭接生的收费通常高于对本地家庭的收费,私立医院实际上更热衷于接收内地孕妇。于是香港本地家庭不得不面对这种困境:医院的资源和服务持续短缺,私立医院服务价格上涨。香港人还关注到,这些港生婴儿作为香港永久居民,有权分享香港人公共福利,等于损害港人利益。这种状况引起香港本地居民的不满,积累到2011—2012年还变为公众愤怒,由妇女团体组织的各种请愿示威行动和香港大众媒体吁请政府采取措施制止内地孕妇赴港。迫于舆论压力,香港医院管理局于2012年5月颁布规定终止全港医疗机构的内地孕妇预约服务,对非预约的接生个案收费提高到9万港元。

(二) 粤港"自驾游"计划

粤港"自驾游"计划是2010年广东和香港两地政府签订的《粤港合作框架协议》中的一项合作计划。其原意是粤港之间多个新增过境口岸投入服务,两地政府认为有空间可以考虑放宽私家车过境的限制,让一些未符合现有"两地双牌照"申请资格的私家车车主,能够申请一次性特别配额,使两地私家车车主可以多一个过境选择,以进一步促进粤港之间的经济、社会及文化交流。计划实施分为两个阶段,第一阶段称为"过境私家车一次性配额试验计划",内容是2012年3月30日开始,无论身份背景,每天50个名额,拥有5座以下右行车、港澳通行证、两地驾照的港人原则上都可申请北上广东,最多逗留7日。在2011年8月举行的粤港合作联席会议第14次会议上,时任香港特区行政长官曾荫权公布这个试验计划于2012年3月推出。计划的第二阶段是按照对等开放原则,广东私家车可以申请进入香港,但双方尚未商定实施时间表。当香港特区政府在2012年2月公布计划实施时,正值年初由于内地孕妇和"地铁进食"、"D&G禁拍"等事件而引发香港与内地网民对立骂战余波未了,计划立即引来大众舆论反对,指内地车辆进入香港会带来众多交通问题、环境问题和法律纠纷。2012年2月15日,一个称为"土地与正义联盟"的非政府组织向香港立法会提交了意见书,其代表在接受媒体采访时称:"因为两地文化和现行法规的差异,现阶段开放'自驾游',危害远远大于益处。"2月19日下午,22个团体、1500人组成的队伍浩浩荡荡前往香港的新政府总部请愿。① 其后有立法会议员在香港立法会交通事务委员会会议上动议全面搁置该计划,议案未获通过;但委员会通过无约束力议案,促请政府在社会有共识后始推行让内地司机南下香港的第二阶段"自

---

① 《内地车,载不动香港许多愁——忧思空气与交通,争议粤港自驾游》,《南方周末》2012年2月23日A18版。

驾游"。在此次会议上,多名议员担心第一阶段计划生效后,特区政府便要开始执行第二阶段计划,即容许内地司机南下香港自驾游。时任香港特区运输及房屋局局长则解释,2012年推出的第一阶段计划属非常小规模的试验,强调政府并不急于实施第二阶段计划,必定会做好把关工作,好好处理大家关注的问题。由于特区政府并未宣布收回第一阶段计划方案,因此它应该仍在试验实施当中;第二阶段计划则没有下文。迄今这个计划所涉及的跨境管制只是内地向香港单方面开放。

与粤港"自驾游"计划命运相似的是深圳居民一年内一次签证多次往返香港的特别"个人游",俗称"一签多行"。这是2008年深港合作会议上双方签订的一项深化两地开放的协议,也计划分两阶段实施:第一阶段于2008年4月起实施,内容是深圳本地户籍居民(大约400万人)可申请一年一次签证多次往返香港;第二阶段于2012年9月起实施,把"一签多行"的可申请范围扩大到常住深圳的非深圳户籍居民。由于香港媒体和各相关团体与部门(包括入境处和旅游发展局)都呼吁现香港特区政府审慎考虑新措施,现任行政长官梁振英于2012年8月31日公开表示,他已与中央商讨未来短期内不会按新措施发出签注,因为香港社会普遍担忧内地旅客涌入香港会导致香港基础设施超负荷承压。

(三)打击"水货客"与限制奶粉出境

"水货客"一词源自2012年9月15—18日的"光复上水"事件:部分香港居民响应网上发起的一个集体行动,在上水地铁站抗议内地游客在上水地铁站附近商场大量购买商品并占道分货的行动,行动称这些来自内地的带货游客为"水货客"。参与者认为上水区被内地"水货客"占用太多,严重妨碍本地居民生活。这些居民的行动很快获得了其他市民和组织的支持,媒体舆论再次迫使特区政府及相关部门采取干预措施。最初有港铁公司宣布旅客自带进站的行李不得超过规定体积,但收效甚微。继而特区政府警务处和出入境处介入,搜查上水区商场和过境区域,扣查涉嫌带货的人士。同时特区政府也请求深圳边境部门配合打击。

打击"水货客"事件背后的法理逻辑相当曲折。在香港方面,既然是自由港,只要不涉及违禁物品,货物出入境不应受到限制;在内地方面,海关规定如果居民携带的只是少量商品(海关并未明确指出数量多少的界定),则通常不被视为销售用途,一般也不会扣查。因此,平时两地居民跨境时随身携带的货物,两地海关一般会视之为自用或零散边境贸易而不会予以干预。因此对付"水货客"不能以反"走私"的名目来执法。香港警务部门在行动时使用的执法理据是:"水货客"持"个人游"签证入境,但在香港从事非旅游活动,违反逗留规定。相应的惩罚是没收货物、递解出境。深圳海关也同时采取了类似做法。事情延续到2013年春节前,媒体报道,由于内地"水货客"抢购,香港出现婴儿奶粉短缺;有些网民甚至把求购奶粉的邮件发去美国白宫。这次舆论压力的结果是香港特区政府宣布自2013年3月起过境旅客只能携带不超过两罐奶粉出境,违例者处以罚款及扣押惩罚。

从上述三个重要事件可以看到香港和内地之间边界控制演进的特点:

其一，2012年控制措施特别多而且推行急促。自1997年以来，香港与内地之间的关系越来越密切。尤其是CEPA签订之后的数年间，香港和深圳市乃至广东省位于边界两边的地区政府都致力于放松边界控制、扩展通关合作领域。为加强政府之间的协调，还建立了粤港联席会议和深港联席会议制度，在年度会议中制定来年的工作重点，使执行部门能够有清晰的实施时间表。2007年国务院批准《珠江三角洲地区改革发展规划纲要（2008—2020年）》之后，粤港两地进一步签订《粤港合作框架协议》。在这种推进区域融合的气氛下，产生了更多的开放边界的措施，如上面提及的2008年分阶段实施的深圳居民"一签多行"、2012年分阶段实施的"粤港私家车自驾游"等。但到2012年，原定在当年实施的、涉及香港对内地居民开放的计划几乎全部暂停。不仅如此，原来已经开放的领域，也会通过香港特区政府的法令实施无时间限制的单方面关闭。

其二，边界控制的意图通常是保护内部市场或者阻挡难民潮，而2012年的边界控制意图在于回应社会舆论。内地孕妇医疗服务预约急增促使不少私立医院从2009年起投资扩张规模，而内地孕妇付费较高对私立医院发展更有利。停止预约的控制措施基本截住了内地孕妇赴港生子，但同时也使私立医院已经作出的投资不能获得预期回报。因此该项措施只具有回应香港当时社会舆论的效果。再看"水货客"事件，依据"违反逗留条件"不可能严格区分"水货客"和旅游者，执法方实际上是在上水、罗湖等所谓内地"水货客"比较聚集的地方检查那些携带货品特别多的人，结果是"水货客"转去别的地方购买货品，或者到人流较少的地方分货。因此，所谓打击"水货客"的行动所产生的作用主要是驱散在上水的内地"水货客"，而不能阻止在香港其他地方活动的内地"水货客"或者香港本地的"水货客"，因而只具有回应上水居民要求的效果。从打击"水货客"到限制奶粉出境，边界控制的意图更加扑朔迷离。部分香港家庭坚称"买不到奶粉"，但奶粉供应商、零售商均认为不存在"奶粉荒"。① 限带奶粉令实施后业界忧虑发展前景，当初把"奶粉荒"归咎于内地"水货客"，但保安局发现限带令实施后因违反法例而扣查的"水货客"七成是香港居民。② 显然，奶粉出境管制的主要效果也只是回应了部分香港家庭的议论。

三、香港居民的边界意识

从2012年香港的边界控制变化可以观察到，香港民意的影响非常明显，即使所谓民意是被大众媒体放大而实际上可能只是少部分居民的意见。民意能够显著影响政府的管治自有其特定的政治背景，而其中特别值得探讨的社会学论题是香港居民的边界意识。

---

① 《称港无奶粉荒　业界倡奶粉离境税》，《明报》2013年3月14日A12版。
② 《李少光：水客多港人，冀"限带令"属临时》，《文汇报》2013年3月8日A04版。

在加强边界控制之后，赴港生子的内地孕妇暂时被阻止了。它在香港社会引起的后续讨论是提请全国人大常委会再度解释《香港基本法》当中关于香港永久居民的定义，甚至在2012年当选的行政长官及其领导团队也承诺推动之。1999年因香港特区终审法院对"庄丰源案"的判决导致特区政府修改入境条例：无论父母是否为香港永久居民，在香港出生的婴儿可以获得居港权。重新查阅1999年香港大众媒体关于"庄丰源案"和全国人大常委会释法的舆论，其关注点是香港应不应该提请全国人大常委会释法、不同居民身份父母的港生孩子有没有平等权利的问题，即"法治"和"平权"，人们并不关注"庄丰源"案之后会有多少内地人因此而获得居港权。13年之后，舆论倾向完全反过来，关注点是怎样才能通过释法阻止内地家庭的港生孩子获得居港权，这时港人的忧虑是内地家庭及其港生孩子都是外来人，不应该分享香港市民的公共福利。换句话说，边界控制的实质是身份限制，限制身份的意图在于限制群体福利不会被外来人分享。反对"自驾游"反映出来的民意性质与此类似但范畴不同，反对者的理由是保护香港的空气、环境清洁和交通秩序，其含义是社群的空间不许他人占用。

如果说抵制内地孕妇和"自驾游"所涉及的公共福利和公共空间尚可勉强概述为香港人的共同利益，那么打击"水货客"和限制奶粉出境就涉及多种不同的小群体利益。"光复上水"所指向的是集中在上水火车站及附近商场范围活动的"水货客"，受"水货客"影响就是在这一带生活、活动的居民；上水站附近的商业区和大商场当中有许多商铺，打击"水货客"无疑会影响到这些商铺的收益。同样，奶粉短缺只出现在某一两种牌子的婴儿配方奶粉，受影响的是使用这些奶粉牌子的很小一部分香港家庭；限制奶粉出境则会影响到奶粉经销商户以及"走水货"的香港居民。也就是说，打击"水货客"和限制奶粉出境，在保护了部分人利益的同时也损害了另一部分人的利益，只不过很可能利益受损者的数量比得益者少，在立场偏向明显的大众舆论当中被忽略了。在"限奶令"实施月余之后，业界代表开始在立法会动议在"限奶令"中附加"日落条款"，即指定某个时间法令自动失效。

由此可见，在仔细区分之下，2012年导致边界控制的几项重要事件所涉及的所谓"香港人利益"其实并不存在一致性，而是涉及不同港人小群体的利益。"香港人的利益"是一种本质化的论述，在这个论述面前所有其他利益都微不足道。在文化研究理论当中，本质化和内聚是群体遭遇外来文化冲击时的一般反应。港人利益这种论述的构建反映出香港居民比较普遍地接受这种假想——内地与香港存在互相竞争的权力关系，因此需要构建"港人统一体"来对抗内地。在这种认知框架下边界控制才会成为香港居民保护自己的壁垒，边界控制不论基于哪一种理由、采取哪一种方式，必先以阻挡内地人流为首要目标。

香港经济学者李钜威曾经指出，香港存在"经济至上"的社会意识，即赚钱的动机高于其他动机,在追逐利益的过程中会忽视其他性质的利益和目标。①"个人游"由于大量内地游客的输入性消费直接推动了香港服务业扩张。从2003年之后的年度经济数据可以发现,内地旅客人数增加对香港服务业增长和就业上升具有显著正向关系,证明"个人游"产生的市场扩展为香港本地居民带来了更多的整体收益。但是,香港民间对社群边界的强调却在经济无边界扩展中浮现,显然不符合"经济至上"的假设。社会学者刘兆佳提出,香港人具有"功利家庭主义"的特征,注重功利性和家庭领域,淡漠社会整体和社会理想。② 2012年"香港人利益"话语流行、呼吁边界控制的社会运动也显然不太符合"功利家庭主义"的论断。内地学者封小云认为,2012年边界控制的社会运动源于"个人游"带来的社会互动增加并未改变香港与内地的文化差异。③ 社会学意义上的互动指一个相对稳定持续的沟通过程,采取"个人游"的内地游客平均留港时间不足3天,半数以上为不过夜者,这样短暂的停留时间不足以形成实质性的社会互动,即内地访港游客增加并不等于两地的社会互动增加。而香港居民主要来源于内地,他们与内地居民之间是否存在那么深刻的文化差异则是很有疑问的。

李钜威和刘兆佳的论断都基于这种假设:香港是一个移民社会,移民社会的特征是流动性大而难以内聚或本质化。然而,以1982年香港本地出生人口超过50%为标志,香港已经逐渐转变为本土社会。根据香港出入境处和统计处资料,香港2000—2011年平均每年移入人口约为4.7万人,每年移出人口约为0.95万人;到2011年人口普查时,本地出生人口占总人口的60.4%。由此可见,香港人口变化的整体趋势是流入大于流出,而净流动带来的人口增长不及本地人口增长快,即大部分人口在本地沉淀和积聚起来。同时,近10年来香港还逐渐形成了两个新的社会特征:其一是本地人口的空间流动性下降。2011年,香港移出人口只相当于1998年的43%,在内地工作人口只有5.4万人,相当于高峰年份2005年的1/4,700多万人口滞留于本土,劳动市场和生活空间必然趋于拥挤。其二,向上社会阶层流动减慢。笔者对香港社会流动数据的研究发现,香港近30年来向上社会流动的规模和跨度下降,其中最近10年间中产阶级人口减少,向上流动比例小于向下流动比例。④ 从社会发展的逻辑来看,当一个社会人口总量不断增加、空间流动和社会流动的可能性不断下降时,社会内部的竞争和挤压必然越来越强。从这个角度看,"香港人利益"的政治话语能够流行并为一般市民所接受是容易理解的。近10年来国家政治以及地方经济竞争深刻影响了香港,而总量日增的内地游客进入加深了香港社会空间的拥挤感,"香港人的利益"作为一种政治构建把内地假想为对立方在所难免。

---

① Kui-Wai Li, *Capitalist Development and Economism in East Asia: The Rise of Hong Kong, Singapore, Taiwan and South Korea.* London: Routledge, 2005.
② S. K. Lau, *Society and Politics in Hong Kong*, Hong Kong: Chinese University Press, 1982.
③ 封小云:《由香港奶粉限购引发的思索》,《信报财经新闻》2013年3月18日B16版。
④ 黎熙元:《梦想与现实:香港的社会分层与社会流动》,北京大学出版社2008年版。

四、小　　结

2012年香港跨境活动与边界控制同时增强的态势，反映出经济扩展无边界和社群利益有边界、资本与商品流动性增加和社会流动性下降等内在结构性矛盾已经形成，这些结构性矛盾在政治化的环境中会通过各种激烈的形式表达出来，持续挑战特区政府管治和香港政治力量的智慧，也使香港和内地的关系变化更趋曲折。对于香港研究学界来说，2012年的社会大事和社会运动显示出香港已不能以移民社会的理论范式来认知和判断。

作者单位：中山大学港澳珠江三角洲研究中心

自由行对香港各个行业薪资的影响

王 煜

摘 要：随着欧洲债务危机的进一步加剧，香港的经济似乎重新走到了类似 2003 年的低谷。在香港与内地各个方面的合作越来越紧密的形势下，中央政府也开始希望通过进一步放宽自由行的条件刺激香港的经济发展。但是，在进一步扩大自由行的时候，越来越多的香港民众开始抵制内地游客。在 2003 年之后，香港民众游行抗议频发，香港在回归之后局势骤然升温。笔者以香港行业的实际薪酬（收入分配）为切入点，从经济的视角分析自由行对五大行业（建造业、金融保险业、制造业、进出口贸易批发零售业、交通运输业）实际平均薪资指数的影响。通过对 2000—2011 年五个行业面板数据的分析，发现自由行对金融保险业促进作用最大，其次是进出口贸易批发零售业，对建造业产生负的效应，而对其他行业作用效果并不明显。

关键词：自由行；行业薪资指数；面板数据

一、引 言

（一）自由行的背景和发展

港澳回归之后，随着港澳和内地政治经济文化交流进一步发展，港澳和内地居民的相互流动量越来越大，在此背景下，开放自由行就成为必然。促使两地开放自由行的一个关键因素是 2003 年"非典"的暴发，港澳经济一落千丈，港澳几乎是一片沉寂。通过中央政府和港澳特区政府的协商，内地及时地与港澳特区政府签署和实施了《内地与香港关于建立更紧密经贸关系的安排》和《内地与澳门关于建立更紧密经贸关系的安排》（即 CEPA），其中一项措施就是允许内地部分城市居民以个人身份赴港澳旅游，从而全面开放内地居民港澳自由行，以期通过促进港澳的旅游业，带动港澳整体经济的恢复和发展。港澳游初步发展起始于探亲游（1983—1998 年），第二阶段是以港澳游作为成熟旅游产品出现（1998—2003 年），第三阶段是港澳游全面开放即港澳自由行阶段（2003 年至今）。

（二）其他因素对行业薪资的影响

在《我国社会保障制度对行业收入差距的影响及对策》一文中，李布和提到垄断行业在社会保障等方面比非垄断行业做得好，因此行业垄断度对行业薪资影响较大。在《我国城镇居民收入分配差距的实证研究》一文中，王亚芬证实了人力资本和劳动生产率对行业薪资有着重要的影响。武鹏在《中国行业收入差距研究述评》

一文中提到五个方面：第一，垄断行业职工的收入水平要较大幅度地高于非垄断行业职工，这严重影响了社会福利的公平分配，是造成中国行业收入差距的重要因素，这其中又尤以行政垄断最为学者们所诟病。如姜付秀和余晖（2007）严厉而不失恳切地批评道，我国行政性垄断并没有随着我国市场经济地位的确立而表现出些许改变的迹象，其造成的社会福利性损失已经到了严重威胁国民经济平衡发展和导致初次收入分配严重不均衡的地步，利益集团的形成有可能使改革难以深化，从而危及执政的社会基础。第二，包括受教育水平和健康水平等内容的人力资本对于中国行业收入水平具有显著的正向影响，但其总体解释度不高，且任务重，周云波（2009）的研究发现其影响程度在逐渐地缩小。第三，制度因素对于中国行业收入差距的影响亦非常明显，这主要体现在所有制方面，如国有控股程度和单位隶属行政层次越高的行业，其工资回报也越高（张原、陈建奇，2010）；国有企业的工资决定更多地依赖于外部市场环境和行业因素，外资企业的工资决定相对更多地依赖于个人因素（刘小玄、曲玥，2008）。此外，前文所提及的行政性垄断也可纳入这一范畴。第四，劳均资本投入和经营绩效等因素也都显著地影响着中国行业工资回报，但其总体解释程度非常有限（罗楚亮、李实，2007）。第五，作为发达市场经济国家影响行业间收入差异的重要因素，工会力量放在中国来看作用并不显著（张原、陈建奇，2010）。

综上所述，居民收入分配话题一直是学者讨论的热点，特别是城乡以及区域收入分配差距。但是香港不存在城乡和区域之分，所以我们从香港行业薪资差距的角度来探讨自由行对香港的收入分配的影响。从对行业收入差距测定的研究方法来看，金玉国（2000）采用回归分析方法建立了行业合理收入的标准，运用相关系数与假设论证的方法得出行业间工资差别与行业垄断有着密切的相关性；杜辉（2008）则运用因素分解、等级评分和权重方法，建立行业合理收入差距指数模型。从全国来看，研究行业收入差距的很多，如伏帅（2008）对湖南省的研究、贾美枝（2008）对河北省的研究等。魏帅和刘富华在行业收入差距的界定和测算方法中，通过借鉴杜辉的方法（因素分解方法、等级评分法和权重方法），将影响行业收入差距的因素归结为五个基本因素，即劳动强度、技术复杂程度、劳动环境、行业风险和受教育程度。因此，笔者主要研究自由行代理变量对香港各个行业薪资指数的影响，选取行业垄断程度、男女性别比例、行业业务收益、行业劳动生产率作为控制变量。

二、实　　证

（一）变量的选取以及数据收集

通过参考以上文献，我们选取行业垄断程度、男女性别比例、行业业务收益、行业劳动生产率作为控制变量，选取行业的薪资指数作为被解释变量，选取自由行的人数作为解释变量。本文探究香港收入分配的影响因素和自由行对香港收入分配具体影响的大小。我们选取了建造业、金融保险业、制造业、贸易批发零售业、交通运输业五个截面数据,所有数据都是从香港特区政府统计网（http：//www.censtatd.gov.hk）搜集而得。相应的单位根检验结果如表1所示。

表1 单位根检验

变量单位根	LLC 检验		ADF 检验	
	t 值	P 值	t 值	P 值
D_{Wi}	-6.83	0.00	28.76	0.00
D_{bi}	-4.05	0.00	17.70	0.06
D_{cn}	-8.40	0.00	27.40	0.00
D_{en}	-4.74	0.00	17.76	0.06
D_{laid}	-5.03	0.00	19.35	0.04
D_{sex}	-12.01	0.00	38.21	0.00
D_{lnnum}	-3.02	0.00	17.04	0.07

为了测度自由行对香港各个行业薪资的影响,根据前面的理论分析,并依据表1的单位根检验结果,一阶差分后各个序列平稳,P值近似为0,拒绝原假设序列有单位根。因此我们建立如下的面板数据实证模型：

$$\Delta(Wi_{it}) = \alpha_{it} + \beta_{1it} * \Delta(\ln num_{it}) + \beta_{2it} * \Delta(\ln cn_{it}) + \beta_{3it} * \Delta(\ln bi_{it}) + \beta_{4it} * \Delta(laid_{it}) + \beta_{5it} * \Delta(sex_{it}) + \beta_{6it} * \Delta(\ln en_{it}) + \mu_{it} 。$$

式中：α_{it} 是常数项；μ_{it} 是扰动项；$\Delta(\ln num_{it})$ 是每年内地游客增长率；β_{1it}、β_{2it}、β_{3it}、β_{4it}、β_{5it} 分别代表内地游客增长率变化、市场集中度变化、业务收益变化、劳动生产率变化、性别比例变化对工资指数变化的影响。其他的变量安排如下：

num：自由行程度。选取每年内地自由行游客数量（单位：千人）作为代理变量。从图1看到,2003年之后内地游客占据了到港游客的大多数,人数也有了迅猛的增加。

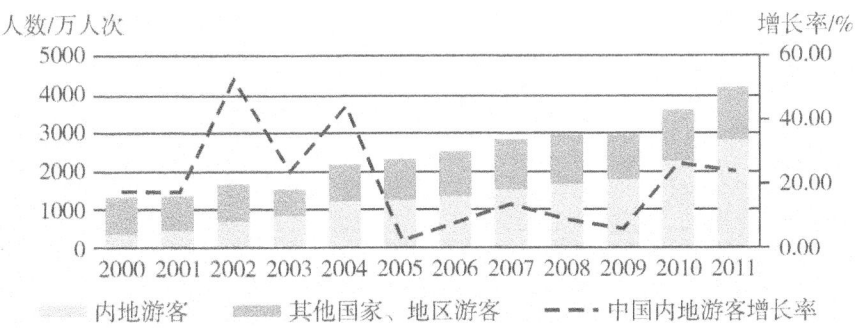

图1 到港游客、内地游客及其增长率

cn：行业的市场结构。香港是资本主义自由竞争市场，市场集中度反映了行业竞争的态势。选取行业公司的数目作为指标，来衡量行业的市场结构。如果行业公司数目多，则表明该行业竞争程度高；行业公司数少，则表明该行业垄断程度高。

bi：行业的经营管理水平。选取行业每年的业务收益作为测度行业的经营管理水平的指标。

$laid$：行业的劳动生产率。以 2000 年劳动生产效率为 100%，通过选取该指标作为控制变量，反映香港各个行业的生产水平状况。

sex：行业的性别结构。选取各个行业的男女比例作为代理变量，来衡量性别的差异对行业薪资的影响。

en：行业的就业规模。选取各个行业的就业人数作为指示变量，来衡量行业的就业规模。该值越大，说明行业的就业规模越大。

（二）基于面板回归的行业收入方程估计

一般来说面板数据具有以下优点：①相比于截面模型，面板数据控制了不可观测因素所引致的 OLS 估计的偏差，使得模型设定更加合理，模型参数更加准确；②相比于时间序列，面板数据扩大了样本信息，降低了经济统计量的共线性，提高了估计的有效性；③面板数据能更好地识别和度量时间序列截面差异；④面板数据丰富了信息内容，既能建立和检验复杂模型，也能准确反映经济变量的动态变化。

由于受到样本容量的限制，截面的个数小于经济变量的个数，因此我们舍弃了对随机效应模型的分析。面板数据模型一般分为无个体影响的不变系数模型（混合模型）、包含个体影响的不变系数模型和包含个体影响的变系数模型三种类型。通过经验统计检验，本文采用固定效应变系数模型对数据进行拟合；同时，为了减少面板数据中存在的异方差和序列相关影响，使用 Pooled EGLS（Cross-section SUR）对模型进行估计。为验证系数的准确性，我们也对模型进行了混合效应的估计。混合效应和固定效应变系数模型的回归结果如表 2 所示。

通过观察图 2，各个行业的实际薪资指数都在时间段内波动。其中，交通运输行业和制造业的薪资指数有向下行的趋势，建造业在 2005—2006 年达到最低谷之后有了一定的反弹，而金融保险业和贸易批发零售业上升势头良好。但是，这些变化有多少是受自由行的影响呢？

表2 混合效应和固定效应变系数模型的回归结果

行业	常数项	D_{lnum} 混合效应	D_{lnum} 固定效应	D_{lnen} 混合效应	D_{lnen} 固定效应	D_{lnbi} 混合效应	D_{lnbi} 固定效应	D_{laid} 混合效应	D_{laid} 固定效应	D_{sex} 混合效应	D_{sex} 固定效应	D_{lnen} 混合效应	D_{lnen} 固定效应
建造业	2.78	-6.77	-15.40	7.11	10.58	5.53	7.54	0.11	-0.13	-0.30	-0.36	14.31	10.60
t值	-2.194	-2.014**	-4.886***	0.763	1.960**	0.918	2.316**	0.821	-1.364*	-1.119	-2.449***	2.249**	3.205***
P值	0.04	0.06	0.00	0.45	0.06	0.37	0.03	0.42	0.19	0.27	0.02	0.03	0.00
金融保险业	0.68	16.66	14.87	-40.60	-32.00	0.97	5.93	-0.15	-0.19	-55.46	-58.26	68.82	51.39
t值	-2.194	3.397***	1.896**	-2.305***	-1.918**	0.129*	0.756	-1.216	-1.597*	-0.952	-0.901	1.796**	1.089
P值	0.04	0.00	0.07	0.03	0.07	0.90	0.46	0.24	0.13	0.35	0.38	0.09	0.29
制造业	-5.26	-9.30	4.80	4.89	1.51	-32.83	-35.91	0.42	0.60	14.59	32.87	-2.42	-11.79
t值	-2.194	-1.450*	1.12	0.296	0.153	-3.342***	-5.887***	2.083***	5.004***	1.006	3.729***	-0.08	-0.725
P值	0.04	0.16	0.28	0.77	0.88	0.00	0.00	0.05	0.00	0.32	0.00	0.94	0.48
贸易批发零售业	-1.97	4.54	10.30	-49.22	-25.01	18.37	27.93	-0.16	-0.18	-1.77	-7.80	41.94	-4.27
t值	-2.194	2.009**	3.699***	-2.762***	-1.558*	2.732***	5.169***	-2.754	-3.742***	-0.262	-1.143	1.388*	-0.158
P值	0.04	0.06	0.00	0.01	0.14	0.01	0.00	0.01	0.00	0.80	0.27	0.18	0.88
交通运输	-2.45	-3.93	6.03	-8.30	8.61	9.48	4.11	-0.38	-0.34	-32.00	-21.26	79.03	88.03
t值	-2.194	-0.809	1.073	-0.879	1.173	2.188***	0.971	-2.79	-2.590***	-2.614***	-2.157***	3.245***	3.193***
P值	0.04	0.43	0.30	0.39	0.26	0.38	0.34	0.01	0.02	0.02	0.04	0.00	0.01
拟合优度 R^2	0.83	0.96											
调整拟合优度 Adjusted R^2	0.62	0.89											
F值	10.09	13.92											
DW值	1.83	2.41											

说明：本表的样本区间为2000—2011年，估计结果由Eviews 6.0给出。***、**、*分别表示系数t统计值在5%、10%、20%的水平上显著。

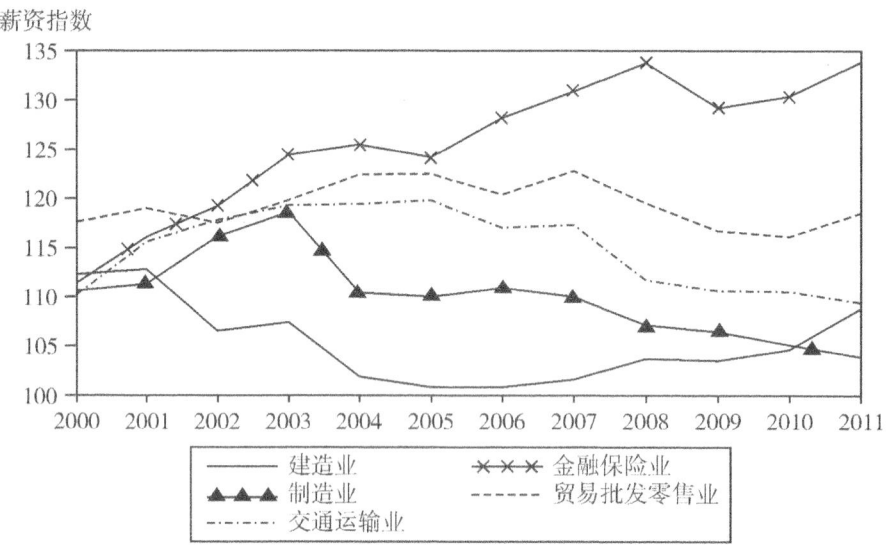

图2 各个行业薪资指数变化

我们转向最后的回归结果（表2），可以看到通过固定效应模型拟合得到的（0.96）相比于混合效应的 R^2（0.83）提高了，调整的 R^2 由 0.62 提高到了 0.89。以上结果表明，该模型拟合方程很好，F 值也从 10.09 上升到 13.92；观察 DW 值，无论是混合效应的 DW 值（1.83）还是固定效应的 DW 值（2.41），根据经验统计分析可知，上述回归方差不存在一阶序列相关。

通过分析可知，$\Delta lnnum$ 系数既有正面的影响也有消极的影响。对金融保险业来说，自由行增长率估计系数显著为正，即自由行人数增长率增加 1%，金融保险业的薪资指数增加 0.149。对金融业来说，自由行的深入带来了巨大的资金，CEPA 的签订则鼓励广东银行机构对香港银行同业提供人民币资金兑换和人民币账户融资，对香港企业开展人民币贸易融资，支持香港发展离岸人民币业务，使香港离岸人民币金融服务中心得以形成；对保险业来说，放开自由行后，大量的投资移民和置业消费带动了相关行业的劳动就业，相对应的劳工保险也有了迅速的发展。巨大的利润效应导致大批劳工涌入金融保险业，进一步带动了行业产出，增加了行业的平均薪资水平。

对于贸易批发零售业，自由行增长率估计系数也显著为正，自由行人数增长率增加 1%，贸易批发零售业的薪资指数增加 0.103。在香港第三次产业升级之后，贸易批发零售业吸引了大量的劳动力，加上自由行范围的逐步扩大，入港购物的内地游客数量急剧增加，带动了香港贸易批发零售业的发展，同时香港和内地之间的贸易也有了明显的增加，自由行带来了明显的经济增长效应也就理所当然。

我们也看到，对于建造业，自由行增长率估计系数显著为负，达 -15.40，即自由行人数增长率增加 1%，建造业薪资指数下降 0.154。随着内地游客的增多，香港相应的配套设施、基础建设理应有相对应的促进，特别是港澳联通内地的十大基建工程（如港珠澳大桥、港深机场铁路、港珠澳高速公路等）。但是，由于长期以来建造业做工环境差，工地安全问题严重，工资低且增长严重滞后于通货膨胀，很多工人都不愿意从事建造业。特别是建造业与金融保险业此消彼长，大多数劳工都趋向于金融保险等附加产值高、边际利益远高于建造业的第三产业，建造业出现招工难，使得大量内地民工进入香港，相比于香港劳工，他们对薪资等方面要求低，这也导致了建造业的恶性循环。观察其他的行业，自由行增长率估计系数在统计上并不显著，这也影射出自由行带来的经济效益并没有分享到每个行业，相对应的中低收入普通民众在所难免会有反对的声音。

对于建造业，观察其他控制变量，我们也发现市场结构、性别结构、就业规模、经营状况对其行业薪资指数有着非常显著的影响，劳动生产率对其行业薪资指数有一定的显著性影响。具体表现为：行业公司数目增长率增加1%，薪资指数增加0.11，即当行业数目增加、行业竞争能力增强时，公司不得不提高薪资水平；行业业务收益增长率增加1%，薪资指数增加0.075，即当行业经营状况良好时，工人薪资水平也会有相应的提高；行业劳动效率增加1%，薪资指数减少0.13，即当工人素质提高、劳动效率提高时，最终的经济利益却没有落到工人薪资水平上；男女比例每增加1个单位，薪资指数减少0.36；就业人数增长率增加1%，薪资指数增加0.11。

对于金融保险业，市场结构估计系数对其薪资指数增长有较显著的影响，劳动生产率对其薪资指数增长有一定的影响。具体表现为：行业公司数目增长率增加1%，薪资指数减少0.32，即垄断程度提高，行业从业人员的薪资水平会有所提高；劳动生产率增加1%，薪资指数减少0.185，这和其他行业所表现出来的现象一致，即劳动生产率和薪资指数增长成反比，经济利益分配存在不均。

对于制造业，自由行增长率估计系数尽管为正，却不显著；从统计结果分析上看，对制造业薪资指数具有显著性影响的是行业的业务收益（经营状况）、劳动生产率、性别结构。出乎意料的是，业务收益增长率增加1%，制造业薪资指数减少0.33。究其原因，由于香港经济向第三产业转型，社会经济结构改变，香港的制造业经历了一次生死洗礼，大量工厂关闭，以往以出卖劳力为生的低学历、低技术劳工因而失业，逐渐被社会边缘化，再度沦为贫困阶层。由于制造业缺失，香港经济过分依赖第三产业，容易受国际经济环境及金融市场波动的影响，相对过往显得比较脆弱（可参看1997年亚洲金融风暴、"9·11"事件、2008年环球金融危机对香港经济的影响）。此外，由于第三产业的经济利益大多向知识精英阶层靠拢，以及制造业北移，也间接造成了香港近20年来越来越严重的贫富悬殊。制造业目前大都是资本密集型企业，受制于高资源价、高地价、高楼价、高通胀，制造业只有通过压低制造业工人薪资来获取利润，导致了目前行业的贫富差距进一步加大，而且政府的"积极不干预"政策使得产业升级缓慢，企业生存更加艰难。当劳动生产效率提高1%，制造业薪资指数将增加0.596；男女比例增加1个单位，薪资指数将增加0.329。从这里可以看出，制造业对男性工作者需求巨大，特别是高技术的男性劳工。

对于贸易批发零售业，在10%显著性水平下的影响因素有行业的市场结构、行业的经营水平（业务收益）、劳动生产效率，而性别结构和就业规模对行业的薪资指数的影响在统计结果上不显著。当公司数目增长率增加1%，贸易批发零售业薪资指数将减少0.25，即行业竞争能力增加，对于劳工来说，并没有提升薪资水平，反而会降低；当业务收益增长率增加1%，薪资指数增加0.28；当劳动生产效率提高1%，薪资指数减少0.18。这和其他行业显示出来的结果类似。

对于交通运输行业，自由行对其薪资指数在统计结果上不显著，说明自由行带来的利润效应大都被旅游公司和酒店以及零售公司所吸收。对交通运输行业薪资指数影响显著的是行业的劳动生产率、性别结构和行业的就业规模。当行业的劳动生产效率提高1%，行业的薪资指数减少0.34；当男女比例增加1个单位，薪资指数减少0.213；当行业就业人数增长率增加1%，薪资指数增加0.88。

表3是由各截面回归方程的残差序列组成的序列组的单位根检验结果。LLC的检验统计量为-6.33，其概率值等于0，从而在1%的检验水平下可以拒绝"各截面回归方程的残差序列具有相同的单位根过程"的原假设。IPS、ADF、Fisher-PP检验的P值都近似为0。根据以上各种检验单位根的方法结果，我们可以认为，对固定效应变系数模型进行估计所得的各截面残差序列不具有单位根，即残差序列平稳，从而表明面板数据序列存在协整关系。因此，可以建立动态的面板数据的误差修正模型。

表3 协整检验结果

统计指标	统计值	P值
LLC	-6.33	0.00
IPS	-4.33	0.00
ADF	35.39	0.00
PP-Fisher	45.75	0.00

三、结　论

（1）自由行并没有如想象中的对香港行业平均薪资水平有着显著性的提高，只是对建造业、金融保险业、贸易批发零售业的行业薪资有显著性影响，而且随着自由行的进一步推动，建造业行业平均薪资出现下降；受益最大的行业却是资本雄厚的金融保险业，其次是贸易批发零售业，而和自由行紧密相关的交通运输行业、制造业所受影响甚微。由此看来，自由行带来的正面影响和经济效益并没有实际作用于广泛的香港民众；相反，香港的基尼系数却进一步拉大，增大了香港的贫富差距。从经济的角度看，近年来香港民众对自由行的强烈反对由此也得到了一定的解释。

（2）对于建造业，提高行业的平均薪资可以从提高行业的竞争程度、就业水平、业务收益着手；对于金融保险业，可以从整合金融保险业的资源着手，使之迈向更广阔的平台，打造人民币离岸中心，把行业做强做大做好，从而有利于提高行业的薪资水平；对于制造业，把握劳动生产率是提升行业薪资水平的最重要因素；对于贸易批发零售业，抓紧自由行带来的经济增长效应的同时，应合理分配和利用资源，创造更多的收益；对于交通运输业，扩大行业的就业规模，吸收更多的男性劳动力，对提高行业薪资水平有着积极的作用。

（3）从劳动生产率来看，除制造业外，随着行业的劳动生产率提高，行业的薪资水平往往有下降的趋势；高素质的劳动力提升了劳动生产率，但是薪资水平却没有相应的提高。由于薪资水平的限制，也限制了香港的消费水平，一定程度上也抑制了经济增长。

四、建　议

（1）从香港民众的角度考虑，应让更多的人特别是中低收入的人群享受到自由行带来的经济红利。通过完善与自由行相关配套的旅游设施和香港民众使用的基础设施，带动建造业，提升建造业的经营管理水平，增加更多的效益，创造更多的就业机会，并适当地给予建造业中低收入的人群补贴。对于金融保险业，抓紧自由行的机遇，利用行业的高人才、高资本、高素质整合资源，把香港的金融保险业做好做强做大，提升从业人员的薪资，改善劳工的生活质量，着力打造人民币离岸中心。尽管自由行极大地促进了贸易批发零售行业的发展，但是香港政府也要顾及那些小零售业主，着手解决他们遇到的问题；对于那些民众所必需的商品，适当地调控价格，保证香港本地居民的消费。对于制造业，把握自由行带动起来的商机，提高劳动生产效率，发展高科技、高附加值的产品，尽快完成产业再次升级，打造品牌，在国际上重新赢得生机。从交通运输业来看，要重新分配自由行带来的经济利润，让普通的工人分享经济利益，把握住自由行带来的利好效应，促进就业，提升中低收入者的生活水平。

（2）从劳动生产效率增速快于工资增速可以看到，生产市场和要素市场存在摩擦，导致劳动的边际产品和边际成本不相等，在利益分配的过程中存在着不公，资本所有者为了赚取更多的利益，可能更多地压榨劳工收入，造成利益向资本倾斜，香港特区政府应该注意维护中低收入的劳工的利益。从内地近年的举措看来，北京、上海、珠江三角洲都上调了最低工资标准，但是通胀水平并没有"螺旋上升"，这给香港提供了很好的借鉴。从经济效率来看，劳工的工资上涨是一种良性的竞争体制，"优胜劣汰"提高了行业的劳动生产率，促使那些压榨劳工、产业链低端、没有技术含量的企业升级改造。随着劳动生产率、人力资本的提高，香港经济一定会重新焕发生机。

参考文献

[1] 刘佳, 龚唯平. 台湾开放内地赴台旅游的经济影响度研究 [J]. 商业研究, 2012 (2): 177-182.

[2] 李布和. 我国社会保障制度对行业收入差距的影响及对策 [J] 经济纵横, 2009 (3): 26-29.

[3] 吴开军. 浅议内地游客赴港澳自由行 [J]. 江苏商论, 2011 (1): 137-139.

[4] 白仲林. 面板数据的计量经济分析 [M]. 天津: 南开大学出版社, 2008.

[5] 王亚芬. 我国城镇居民收入分配差距的实证研究 [J] 财经问题研究, 2007 (6): 65-73.

[6] 张晓彤. Eviews 6.0 应用实例 [M].

[7] 任重. 我国企业职工收入差距测度及分解分析 [J]. 中央财经学报, 2009 (1): 66-72.

[8] 潘文卿. 外商投资对中国工业部门的外溢效应——基于面板数据的分析 [J]. 世界经济, 2003 (6): 3-9.

[9] 杜健, 张大亮, 顾华. 中国行业收入分配实证分析 [J]. 山西财经大学学报, 2006 (6): 73-79.

[10] 周余晖. 自由行对香港经济的影响及对策建议 [J]. 当代港澳, 2005 (2): 36-40.

[11] 魏帅, 刘富华. 行业收入差距的界定和测算方法 [J]. 经济研究导刊, 2011 (32): 70-74.

[12] 伏帅. 湖南省行业收入差距分析 [J]. 经济研究, 2008 (3): 39-41.

[13] 陈广汉, 张应武. 香港经济转型与收入分配 [M] // 陈广汉, 黎熙元. 当代港澳研究: 第1辑. 广州: 中山大学出版社, 2009: 15-28.

[14] 武鹏. 中国行业收入差距研究述评 [J]. 上海经济研究, 2010 (8): 60-72.

[15] 金玉国. 行业工资水平与垄断程度的定量测度 [J]. 统计与决策, 2001 (2): 30-32.

[16] 康银, 王文静. 我国行业间工资差异的测度与分解 [J]. 求索, 2008 (7): 24-27.

[17] 王晓英. 我国行业间职工收入差距分析 [J]. 山西财经大学学报, 2000 (5): 46-49.

[18] 张雅光, 田玉敏, 李秀玲. 行业职工收入分配差距及调控对策分析 [J]. 管理现代, 2003 (1).

作者单位: 中山大学港澳珠江三角洲研究中心

中国内地游客对香港的经济影响分析
——基于游客人数与物价变动的关系研究

岑伟波

摘　要：本文从客源地结构、游客逗留时间、游客消费及旅游淡旺季四方面阐述了内地游客在香港入境旅游中的地位。在此基础上，选取2002—2011年的数据对内地游客数量与香港整体物价及部分类别商品、服务价格之间的关系进行了分析。长短期因果分析及脉冲响应函数分析的结果表明，衣履类商品价格与内地游客数量呈相互影响关系，内地游客数量对香港整体物价存在影响但作用有限。内地游客对香港物价的影响不应被过分夸大。

关键词：香港入境旅游；内地游客；物价

一、引　言

旅游业是目前香港的四大支柱产业之一。尽管旅游相关产业的GDP只占全港GDP总量的3%，但其提供的就业岗位占香港就业人口的5%以上，并呈不断上升的趋势，旅游业对经济及就业的拉动作用也越发明显。其中，入境旅游是香港旅游业的最重要组成部分，入境旅游的增加值和就业人数均占该产业总量的70%以上（张俊森等，2009）。而在入境旅游当中，中国内地游客的人数及其消费都长年高居榜首。在2011年，内地访港游客达2810万人次，占香港入境旅游人数的67%；内地游客消费达1120.3万港元，占入境游客总消费的67.1%。由此可见，中国内地作为香港的第一大旅游客源地，内地游客对香港入境旅游有着举足轻重的影响，从而也会给香港整体经济带来不可忽视的影响。

与此同时，大量内地游客赴港也令其与香港本地居民的摩擦、纷争增加，双方互有指责，"口水仗"不断，并有愈演愈烈之势。从2010年的香港导游因购物不足侮辱游客事件，到2012年初的"港铁骂战"与由此引发的部分港人对内地游客的抵制，再到2012年9月非深圳户口"一签多行"被香港特区政府紧急叫停，这些事件都显示，尽管对入境旅游业的贡献明显，大量内地游客的入境还是带来了一定的负面影响。综合港人舆论及官方说法，这些负面影响主要有：①游客大量涌入导致的公共设施拥挤与物价上升；②部分游客有除观光外的其他目的（如赴港产子、"走运水货"），引致资源紧张；③部分内地游客不文明行为令港人反感。

基于上述情况，研究内地游客给香港带来的社会、经济影响显得愈发具有迫切性和重要性。对此，不少学者也曾进行过相关研究，如文彤、廖海牧（2009）通过抽样问卷调查，分析了香港居民对内地游客不文明行为的感知与态度，发现香港居民对于旅游业发展普遍持支持的态度，但对内地游客不文明行为的内心不满与负面态度也较为明显。杨英、林显强（2008）的研究则表明内地游客带动香港旅游业快速发展，但过多资源投入应付内地游客则限制了香港对国际旅游市场的开拓，并在一定程度上对香港的"拼搏精神"造成冲击。也有学者认为内地游客数量大幅增加在带动香港各行业迅速复苏的同时，加速了香港向人民币离岸中心的演化（周余辉，2005）。尽管前人的研究已取得一定的成果，但是，现有的文献以定性研究居多，对内地游客经济影响的定量研究尚比较缺乏。因此，本文以物价作为切入点，使用协整检验、因果关系分析、脉冲响应函数等计量方法对内地游客人数与香港整体物价及各类别物价之间的关系进行分析。

二、研究背景

（一）理论背景：入境旅游对当地物价的影响机理

旅游业发展对旅游目的地物价的影响在20世纪80年代为学界所关注。Ritchie（1984）认为旅游经济影响研究不应忽略事件所带来的物价上升等消极的经济影响；Hiller（1990）通过对社区居民进行焦点访谈，定性分析了冬奥会的大量游客对加拿大卡尔加里城市发展的影响，研究发现居民对房租上涨等负面经济影响存在较强烈的感知。在国内，吴学品、李骏阳（2012）对海南的研究表明通货膨胀受旅游的短期影响较大，李晟、崔燕明（2009）对澳门的研究则发现当地通货膨胀与旅游业增长呈显著正相关关系。

在已有的研究当中，旅游业对物价的影响机理被归纳如下：

（1）游客消费为旅游目的地创造大量需求，短时期内对当地供求关系带来冲击，造成物价上涨。

（2）旅游者在旅游期间的消费能力及支付意愿一般比较高，对价格敏感度较低，旅游目的地商品及服务提供者为极大地提高边际利润，倾向于提高商品及服务价格，从而导致物价上升。

（3）旅游开发、旅游设施的建设导致土地需求上升，引起土地价格上升并推动物价上涨。这一情况多发生在处于旅游业发展初期、尚不成熟的旅游目的地。

（二）现实背景：内地游客在香港入境旅游中的地位

由理论推断，入境旅游发展对香港物价的上升应当有一定的推动作用，而考察内地游客对香港入境旅游的影响，则可以发现内地游客在香港入境旅游中的地位逐步提升并占据了主导地位。本文将从游客客源地结构、逗留时间、旅游消费及旅游淡旺季这几个角度对内地游客在香港入境旅游中的地位进行分析。

1. 入境游客客源地结构变迁

由图1、图2所示入境游客总量变迁及主要客源地结构变迁的数据分析可知，香港入境旅游呈现游客数量持续快速增加、中国内地游客比例不断上升的特点。从访港人数及客源地结构来看，中国内地游客对香港入境旅游的影响日益增大，其影响力有继续扩大的趋势。2002年以后，内地游客人数变动与游客总人数变动趋向同步，内地游客占总游客人数的比例也迅速与其他客源地市场拉开差距，超过了其他所有客源地市场访港人数的总和。

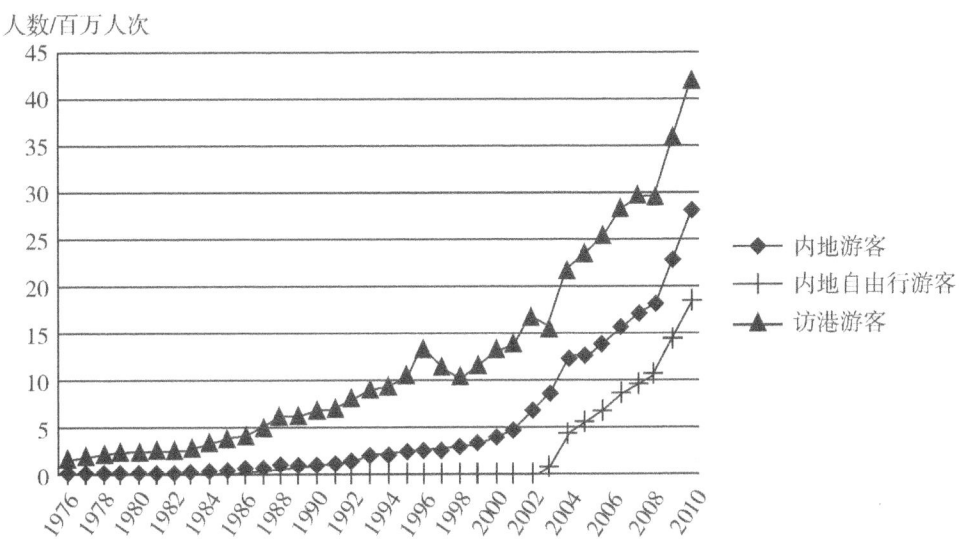

图1　1976—2010年内地访港旅客、内地自由行游客、访港游客总人数比较

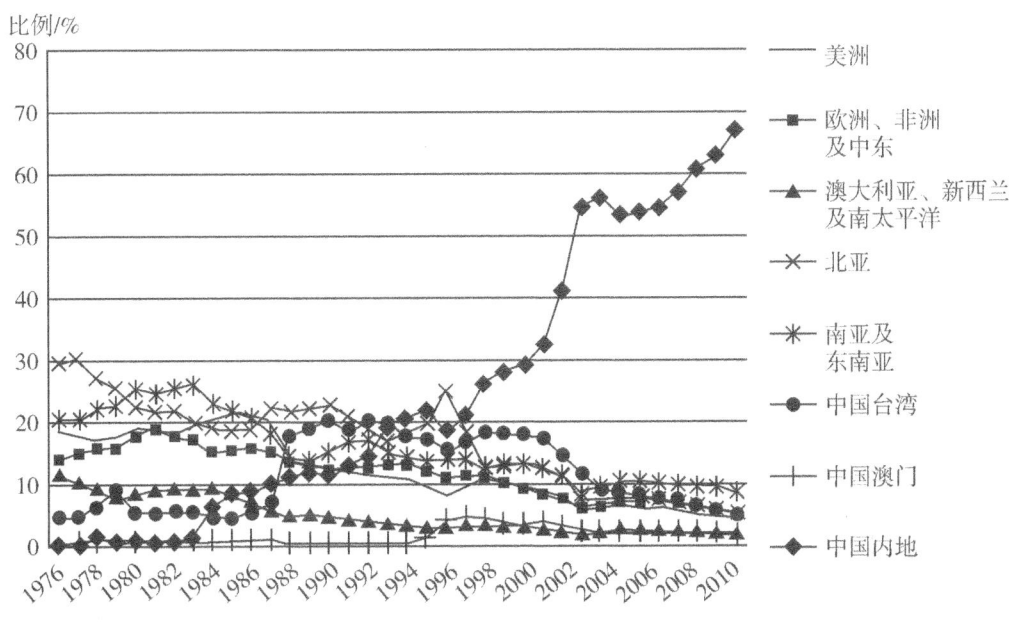

图2　入境游客客源地结构变迁

2. 过夜游客逗留时间

游客逗留时间是衡量游客对旅游目的地经济影响的重要指标，逗留时间越长，游客在目的地的花费就越高，目的地所能获得的直接旅游收入也就越高。与此同时，随着游客逗留时间的增加，由游客带来的其他方面的影响也会相应地被放大。旅游者行为学的研究普遍认为，游客在旅游目的地的逗留时间会出现随客源地距离递增的空间分布规律，即客源地离目的地远的游客会倾向于逗留更长的时间。2011 年，内地游客中过夜游客比例为 48.3%，低于游客总数的平均值 53.2%。但是从逗留时间来看（图 3），中国内地过夜游客的人均逗留时间并不低于其他客源地的游客，并呈上升趋势，与欧美等长途游客的逗留时间相当，突破了逗留时间空间递增规律的限制。在内地游客总量巨大的基础上，较长的人均逗留时间进一步强化了内地游客对香港旅游业的影响。

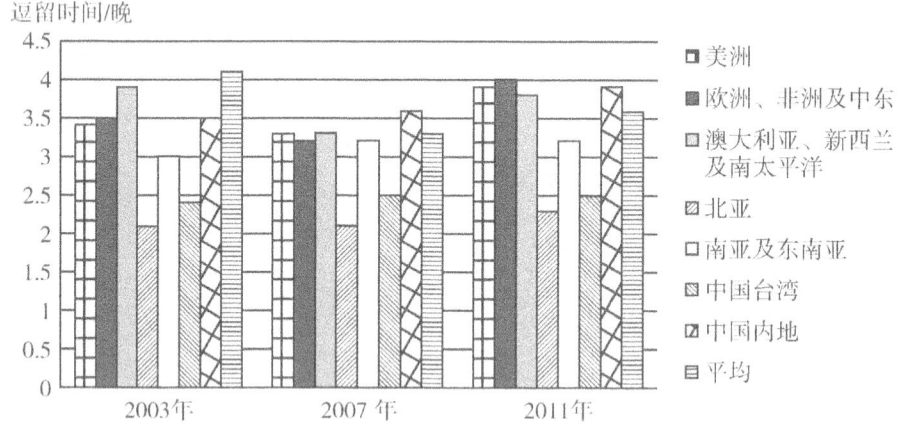

图 3　各客源地过夜游客逗留时间

3. 游客消费

游客在旅游目的地的消费是衡量其对旅游经济影响的重要指标，它也具有最直接和立竿见影的作用。2011 年访港游客与入境旅游相关的总消费为 2631 亿港元，与 1998 年相比增加 2063 亿港元，增幅达 363%，平均每年增长速度为 27.9%，实现了持续的高速增长。其中，中国内地游客的消费增加了 1352 亿港元，占增加总量的 65.5%。由此也可以认为，这一时期香港入境旅游相关消费的高速增长，很大一部分是由中国内地游客消费的增长所贡献的。

考察中国内地游客消费在香港入境消费中比例的变迁（图 4）可以发现，从总体来看，香港回归以后内地游客消费占总入境游客消费的比例在增加，其中 2003 年与 2009 两个年份的增幅较为明显，并在其后出现下降。分析认为这是由突发的外部环境造成的。由于旅游业具有较强的外部依赖性，对外部环境的变化极为敏感，2003 年 SARS 疫情与 2009 年席卷全球的金融海啸对香港旅游业打击较大。在此时内地游客消费比例上升，表明突发外部冲击对其他客源地市场的影响比对中国内地的影响大。由此，在外部环境欠佳的情况下，中国内地市场对香港入境旅游的重要性更为明显，影响也更大。

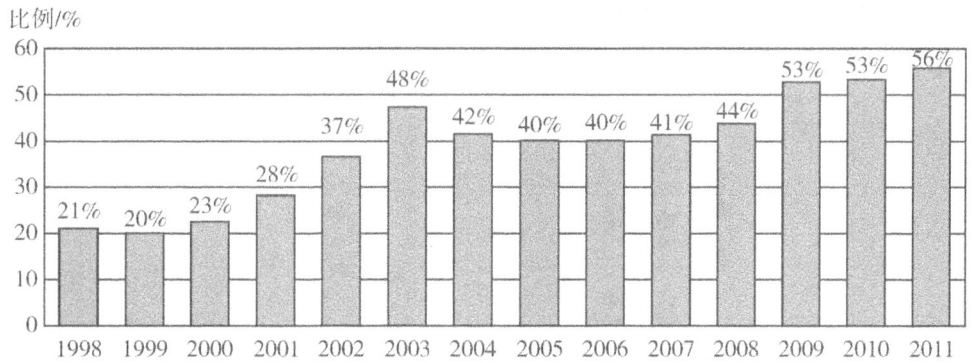

图4　中国内地游客消费占所有入境旅客总消费的比例

4. 旅游淡旺季

旅游业的另一特点为随时间波动性大，具有较强的季节性特征。因此，考察内地游客对香港旅游淡旺季的影响也可以看出内地游客对香港入境旅游的影响。旅游淡旺季可以通过入境人数的月际波动及酒店入住率的月际波动来衡量。为消除总量上的巨大差异带来的影响，凸显季节性特征，本文以每月游客数量相对于全年每月平均值的离差与均值之比作为观察指标，并把游客划分为中国内地游客与非中国内地游客两类，以便更好地考察香港入境旅游的淡旺季变动。

如图5，内地游客与非内地游客访港的淡旺季存在明显差异。内地游客访港的旺季集中在年初、7月、8月及年底，而非内地游客访港的旺季在3月、4月及年底。观察代表整体的合计线可以发现，代表整体淡旺季变动的合计线与中国内地游客赴港的淡旺季变动基本重合，表明其淡旺季的波动极大地受到中国内地游客的影响。考察酒店入住率的季节性波动也可以发现，在内地游客赴港旺季（7月、8月及年底），香港酒店入住率也处于年内的较高水平（图6）。

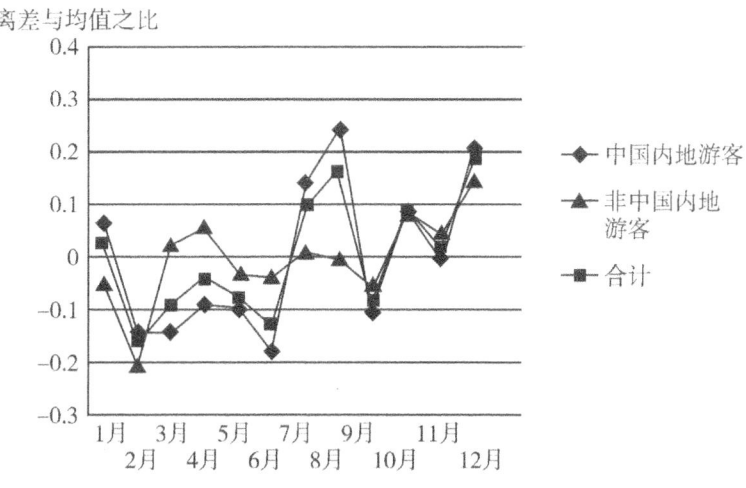

图5　2011年香港入境游客淡旺季分析

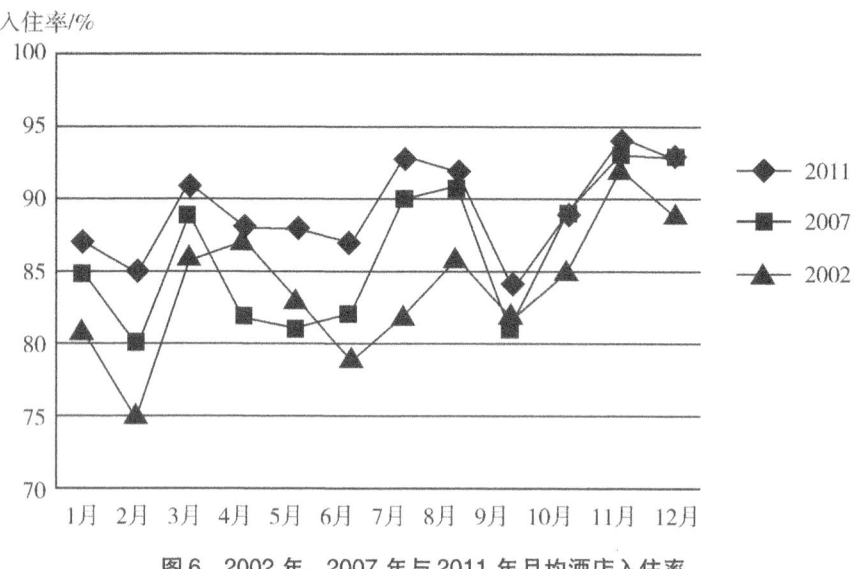

图 6 2002 年、2007 年与 2011 年月均酒店入住率

综上所述，在游客客源地结构、逗留时间、游客消费及旅游淡旺季等方面，内地游客都对香港入境旅游有不可忽视的影响。鉴于入境旅游发展对旅游目的地物价的影响，可以猜测内地游客数量对香港物价也存在一定程度的影响。

三、实证分析

为精确地研究内地游客人数与香港物价变动之间的关系，需要进一步对采集的数据进行定量分析。考虑到游客最常消费以及当地居民日常接触较多的几类商品，本文选取 2002—2011 年内地游客入境数量的月度数据以及香港外出用膳价格、交通费用、衣履价格及整体物价指数的月度数据，合计时长 10 年，有效样本 120 个，基期统一为 2009 年 10 月至 2010 年 9 月这一年内的均值。利用这些数据对内地游客数量与香港物价指数之间的关系进行协整检验、长短期因果分析、脉冲响应等一系列分析。

（一）数据描述

如图 7，中国内地游客人数呈上升趋势，且存在明显的季节性波动，每年 7 月、8 月及年底为内地游客入境高峰，与上文中淡旺季分析的结论相吻合。

在物价方面，如图 8，整体物价及各分类商品物价在 10 年间均呈上升趋势，其中衣履类商品随季节出现大幅波动，相信与衣履类商品的换季零售折扣有关。交通费用价格也随月份存在小幅波动，整体物价及外出用膳价格的波动在图中则表现不明显。

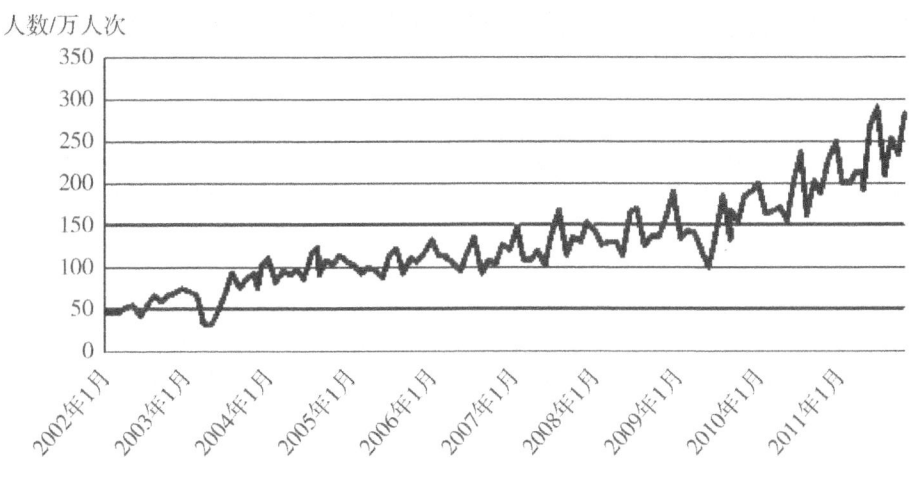

图7 中国内地旅客人数（2002—2011年）

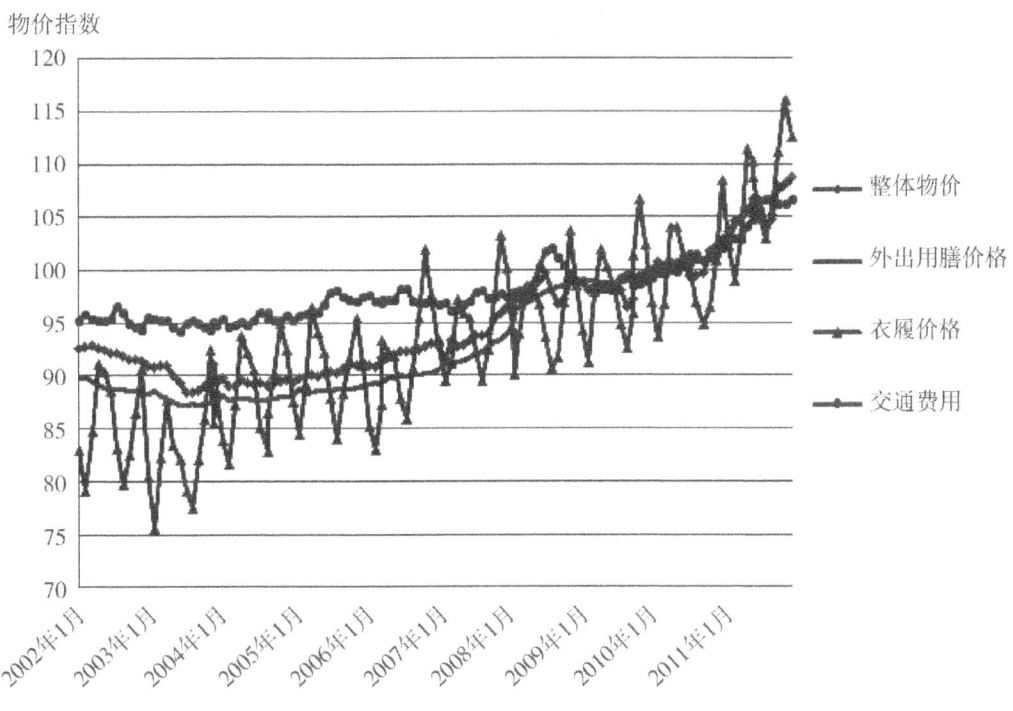

图8 香港整体物价及分类物价指数（2002—2011年）

（二）平稳性检验

在对时间序列数据进行分析前，首先需要对数据的平稳性进行检验；如果把非平稳数据不加调整进行分析，将会令分析结果产生偏误。为尽可能保留数据的完整信息，本文将不对数据进行季节性调整，以充分利用数据波动的完整信息检测其相互之间的关系。选取 ADF 法分别对内地游客人数、整体物价、外出用膳价格、交通费用及衣履价格取对数后的时间序列数据进行单位根检验，得到结果如表 1 所示。

表 1 变量单位根检验结果

变 量	统计量值	p 值	检验形式（c, t, k）	结论
内地游客人数	-1.910266	0.6423	(c, t, 12)	不平稳
D（内地游客人数）	-3.422386	0.0008	(0, 0, 11)	平稳
整体物价	-1.788042	0.7046	(c, t, 0)	不平稳
D（整体物价）	-7.773928	0.0000	(0, 0, 2)	平稳
外出用膳价格	-1.773185	0.7116	(c, t, 2)	不平稳
D（外出用膳价格）	-5.103406	0.0003	(c, t, 1)	平稳
交通费用	-1.302182	0.8825	(c, t, 2)	不平稳
D（交通费用）	-8.101982	0.0000	(0, 0, 1)	平稳
衣履价格	-3.429293	0.0527	(c, t, 7)	不平稳
D（衣履价格）	-2.993102	0.0031	(0, 0, 7)	平稳

说明：1）接受单位根检验的变量序列均已经过对数调整；2）$D(*)$ 表示该变量的一阶差分形式；3）检验形式中，c 与 t 分别表示时间序列中的截距项及趋势项，由系数显著性检验决定是否包含在内；k 表示滞后阶数，由 AIC 准则选取。

由单位根检验的结果可知，全部 5 个原始变量序列均不平稳，但在经过一阶差分后均为平稳序列，即它们都是一阶单整 $I(1)$。

（三）协整关系检验

由于各变量为一阶单整，原始序列并不平稳，因此无法直接对其进行格兰杰因果分析等计量分析。此时，考虑把内地游客人数与各物价序列两两进行协整关系检验，以考察它们各自两两的线性组合是否能组成平稳序列，由此可看出内地游客人数与这些物价变量数据之间在统计上是否存在长期稳定关系。本文使用 Johansen 协整关系检验，得到结果如表 2 所示。

表 2 协整关系检验结果

变量组	原假设（r 为两变量协整方程的个数）	最大特征值统计量	概率值	协整关系
内地游客人数—整体物价	$r=0$	25.2667	0.0006	$\ln CPI = 0.239 \ln TOURIST + ecm$ (0.03147)
	$r \leq 1$	0.95868	0.3275	

续表 2

变量组	原假设（r 为两变量协整方程的个数）	最大特征值统计量	概率值	协整关系
内地游客人数—外出用膳价格	r = 0	33.1437	0.0000	不确定
	r ≤ 1	4.07466	0.0435	
内地游客人数—交通费用	r = 0	16.88431	0.0188	$\ln CPITRAFFIC = 0.088 \ln TOURIST + ecm$
	r ≤ 1	0.671213	0.4126	(0.01175)
内地游客人数—衣履价格	r = 0	23.6642	0.0013	$\ln CPICLOTHES = 0.211 \ln TOURIST + ecm$
	r ≤ 1	0.07282	0.7873	(0.01528)

说明：1）协整检验的滞后项由 SC 法则选取；2）协整方程系数下括号中数字为标准误差。

由检验结果可知，内地游客人数与整体物价、交通费用、衣履价格之间存在单一协整关系，说明它们各自两两之间存在长期稳定关系，即两序列之间相关关系随着时间的变化是稳定的。根据检验，内地游客人数与外出用膳价格之间存在多组协整关系，出现这一情况的原因在于检验中两组变量均被识别为原始序列平稳的，这与单位根检验的结果矛盾。为确保分析的准确性，我们把这一组变量组合舍去。在下文中，将对存在单一协整关系的 3 组变量进行进一步的分析。

（四）误差修正模型及长短期因果分析

协整分析只证明了两变量之间存在长期稳定关系，但并未给出两者之间相互影响的因果关系。根据英格和格兰杰（Engle & Granger）的理论，如果两个时间序列变量是协整的，那么这两个变量至少在一个方向上存在因果关系。因此，针对上述存在协整关系的两组变量，建立误差修正模型（VEC）以分析其长短期的因果关系。

VEC 模型中包含协整的误差修正项和变量的差分滞后项，既能反映不同的时间序列之间的长期均衡关系，又能反映短期偏离向长期均衡修正的机制。通过对不同滞后阶数差分滞后项系数及误差修正项系数进行含约束的联合显著性检验（沃尔德检验），可以得出变量之间在长期和短期内的因果关系。这一检验方法实际上也是格兰杰因果关系检验的一个变式和拓展。本文把短期设定为 1 个月内的影响（即对滞后 1 阶的差分项系数及误差修正项系数进行检验），把长期设定为 1 年内的影响（即对滞后 12 阶的差分项系数及误差修正项系数进行检验）。

囿于篇幅，本文省略展示建立后的 VEC 模型（6 条式子，每条式子均有 25 项），直接给出基于 VEC 模型对 3 组变量间的因果关系进行检验的结果（表 3）。

表3 因果关系分析检验结果

原假设	F统计量值	P值	滞后阶数	检验结果	结论
短期内，内地游客人数不是整体物价的格兰杰原因	2.6888	0.0740	1	拒绝*	无论在短期还是长期，内地游客人数都是整体物价的格兰杰原因，整体物价都不是内地游客人数的格兰杰原因
短期内，整体物价不是内地游客人数的格兰杰原因	0.6017	0.5503	1	接受	
长期内，内地游客人数不是整体物价的格兰杰原因	2.1063	0.0221	12	拒绝**	
长期内，整体物价不是内地游客人数的格兰杰原因	0.6797	0.7773	12	接受	
短期内，内地游客人数不是交通费用的格兰杰原因	1.4275	0.2458	1	接受	无论在短期还是长期，交通费用都是内地游客人数的格兰杰原因，内地游客人数都不是交通费用的格兰杰原因
短期内，交通费用不是内地游客人数的格兰杰原因	4.4449	0.0147	1	拒绝**	
长期内，内地游客人数不是交通费用的格兰杰原因	1.1467	0.3336	12	接受	
长期内，交通费用不是内地游客人数的格兰杰原因	3.2680	0.0005	12	拒绝***	
短期内，内地游客人数不是衣履价格的格兰杰原因	3.0302	0.0537	1	拒绝*	无论在短期还是长期，内地游客人数和衣履价格都互为格兰杰原因
短期内，衣履价格不是内地游客人数的格兰杰原因	2.9529	0.0578	1	拒绝*	
长期内，内地游客人数不是衣履价格的格兰杰原因	1.7541	0.0650	12	拒绝*	
长期内，衣履价格不是内地游客人数的格兰杰原因	2.8030	0.0023	12	拒绝***	

说明：显著性水平取0.1。*、**和***分别表示在10%、5%和1%水平下显著。

因果关系分析的结果显示，无论在短期还是长期，内地游客人数的变动都会引起香港整体物价的变动；从检验结果看，长期的影响比短期更显著。香港整体物价的变动则并不导致内地游客人数的变动。这一分析结果符合人们直观的生活体验及理论的推断，表明内地游客人数确实与香港整体物价之间存在因果关系。

在交通费用方面，结果显示内地游客人数不会对香港交通类商品的价格有影响；相反，交通类商品价格变动会影响内地游客人数。对此的一个合理解释是交通费用的统计中，公共交通占据很大一部分，而公共交通价格在香港相对固定，价格变动需要公开听证等机制进行运作，价格黏性较大，因此对供求变化的反应并不敏感。另外，也有可能是大量赴港内地游客使用旅行社的专用交通（如大巴），由此引致的供求、价格变动反映在旅行社运营成本当中，因此并未在结果中显示出来。而交通费用对内地游客人数存在影响，这一检验结果与直观经验不符，毕竟不会有太多内地游客会依据香港的交通费用来决定自己的出行计划，因此有待进一步验证。但是，鉴于事实上香港交通费用在过去10年内变动幅度不大，整体涨幅低于平均水平，因此即使其与内地游客人数存在因果关系，在现实中表现也不会太明显。

在衣履价格方面，结果显示衣履价格与内地游客人数在短期和长期均互为因果关系，表明内地游客人数会影响香港衣履价格，同时香港衣履价格的变动也会影响内地游客的数量。这一结果产生的原因在于，在内地游客访港购物支出当中，衣履类商品的支出占有很大比例。根据香港旅游业统计，2011年内地游客在香港购物总支出达到787.92亿港元，其中在购买衣服、皮制用品上的支出达295.97亿港元，占37.6%。可见对于以购物为主要访港目的的游客，衣履类商品是他们的重要目标商品，因此他们的访港行为也受到香港此类商品价格的影响。

（五）脉冲响应函数

为考察内地游客人数对整体物价的影响的方向及持续时间，使用脉冲响应函数对其进行分析。脉冲响应函数描述一个内生变量对误差冲击的反应，即在随机误差项上施加一个标准差大小的冲击后对变量当前值与未来值所带来的影响。据此，可做出脉冲响应图分析某一变量的变化对另一变量影响的大小及持续时间。由VEC模型中已得出内地游客人数是整体物价及衣履价格的格兰杰原因，因此做出其脉冲响应图，考察其影响随时间的变化（图9至图12）。

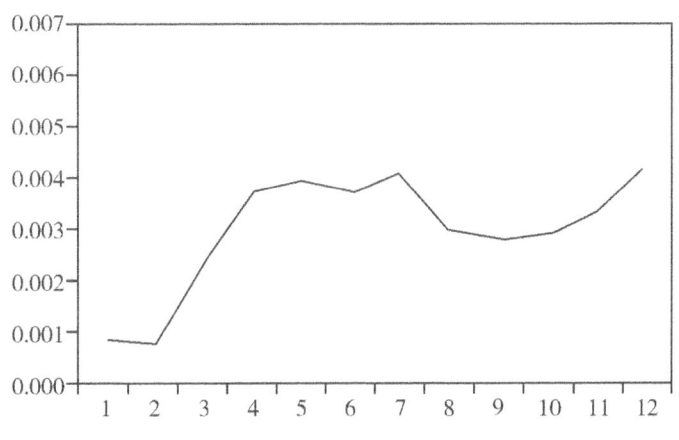

图9　整体物价对内地游客人数冲击的响应

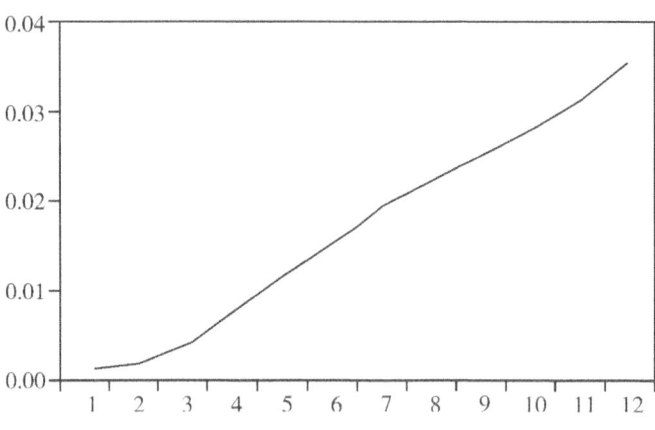

图 10　整体物价对内地游客人数冲击的响应累积

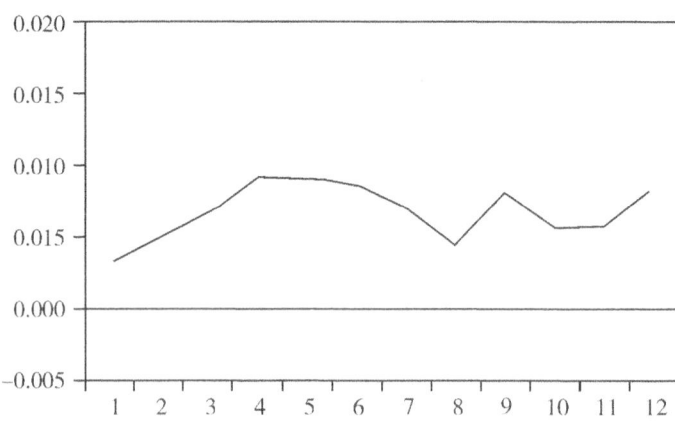

图 11　衣履价格对内地游客人数冲击的响应

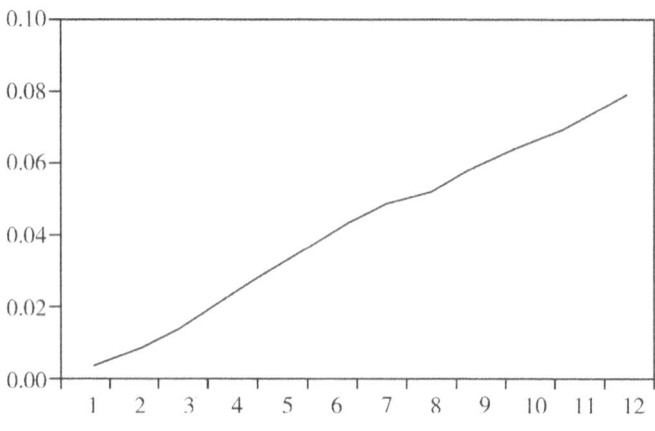

图 12　衣履价格对内地游客人数冲击的响应累积

从第一期开始,整体物价对内地游客人数增长的响应相对来说并不明显,但随着时间的逐渐推移,响应逐渐增大并呈持续上升趋势。尽管如此,从图中也可以看出内地游客人数对整体物价的影响幅度并不大,按比例换算,内地游客人数在一个月内增加 1%,对香港整体物价在一年内的累计影响还不足 0.05%。相比之下,衣履价格对内地游客人数变动的响应则较为明显,反应的速度较快,响应的幅度也较大。按比例换算,内地游客人数在一个月内增加 1%,对衣履价格在一年内的累计影响接近 0.08%。当然,这仅仅是数学上的统计推论。如果要更精确地揭示内地游客人数与香港物价之间的关系,还需要加入影响物价的其他因素进行进一步的回归分析。

四、结 论

综上所述,中国内地游客在香港入境旅游当中占有其他客源地市场无可比拟的重要地位,具体体现在占香港入境旅游人数的比例、游客人均逗留时间、游客消费及其对香港入境旅游淡旺季的影响等几个方面。内地游客在带动香港入境旅游业发展的同时,也增强了该产业的抗外部风险能力。因此,内地游客对香港旅游经济发展的贡献应该得到肯定。另外,针对大量内地游客对香港物价造成影响的质疑,本文分析结果指出,内地游客人数确实与香港整体物价存在因果关系,部分商品(如衣履)的价格更与内地游客人数存在相互影响。在整体物价方面,内地游客数量的增加的确将带动香港整体物价上升,但是上升幅度甚微;在衣履类商品方面,内地游客增加对其价格推动较为明显,但影响仍处于正常的范围。

本文经过初步分析认为,内地游客人数的增加对香港物价水平的影响只占香港物价变动的很小一部分,属于正常的经济现象,内地游客对香港物价的影响不应被过分夸大。对此,一个合理的解释是:香港作为一个高度开放的小型经济体,其大部分商品及原材料都是从周边国家、地区输入的,其物价更多地受到周边市场商品、原材料价格的影响,因此内地游客的增加虽然影响了香港市场上商品和服务的供求关系,但是对香港整体物价并未造成太大的影响。另一个可能的解释是:内地游客的大幅增加确实造成了部分商品价格的畸高,但是这部分商品在香港居民日常支出中所占份额较小,因此未在整体物价的变动中体现出来。

参考文献

[1] 保继刚,楚义芳. 旅游地理学 [M]. 2 版. 北京:高等教育出版社,2008.

[2] Hiller H H. The Urban Transformation of a Landmark Event: The 1988 Calgary Winter Olympics [J]. Urban Affairs Review,1990,26 (1):118 - 137.

[3] Brent Ritchie J R. Assessing the Impact of Hallmark Events: Conceptual and Research Issues [J].

Journal of Travel Research, 1984, 23 (1): 2 – 11.

[4] Li Sheng, Yanming Tsui. A General Equilibrium Approach to Tourism and Welfare: The Case of Macao [J]. Habitat International, 2009, 33 (4): 419 – 424.

[5] 吴学品, 李骏阳. 旅游业增长与通货膨胀的关系——来自海南岛的证据 [J]. 旅游学刊, 2012 (11): 66 – 71.

[6] 文彤, 廖海牧. 香港居民对内地游客旅游行为感知研究 [J]. 旅游论坛, 2009 (4): 504 – 508.

[7] 杨英, 林显强. 香港旅游业的 "内地化" 弊端与国际化走向 [J]. 南方经济, 2008 (10): 75 – 80.

[8] 张俊森, 伍晓鹰, 宋恩荣, 等. 就香港未来发展、巩固和优化现有支柱产业及发展优势产业的跟进研究 [EB/OL]. (2009 – 06 – 08) [2013 – 02 – 01]. http://www.cpu.gov.hk/doc/tc/research_reports/Further%20study%20on%20hk%20economy_c.pdf.

[9] 周余辉. 自由行对香港经济的影响及对策建议 [J]. 当代港澳, 2005 (2): 36 – 40.

作者单位：中山大学港澳珠江三角洲研究中心

港澳专题

香港产业结构演变与经济增长关系的实证研究
——基于四大支柱产业

陈雄超

摘 要：首先对1995—2010年香港四大支柱产业的演变趋势进行分析和评价。然后对香港四大支柱产业与经济增长之间的关系进行实证检验，认为四大支柱产业与经济增长之间存在长期的协整关系。接着对不同产业的产出弹性进行估计，发现贸易及物流业、专业服务及其他工商支援服务业的产出弹性较大，而旅游业拉动经济增长的作用并不明显。最后计算了四大支柱产业各自对经济增长的贡献率，得出的基本结论是：2004年以来，贸易及物流业对经济增长的贡献率呈现下降的趋势；旅游业对经济增长的贡献率最小，但是处于快速上升的阶段。

关键词：支柱产业；产业结构演变；结构偏离度

一、引言与相关文献研究

对于产业结构演变与宏观经济增长之间的关系，理论界观点不一。较早的研究可以追溯到库兹涅茨（Kuznets, 1957），他对各国经济增长与产业结构之间的关系进行了经验分析，得到的基本结论是：经济增长是一个总量过程，该过程促进了产业结构的变化。钱纳里（1960）从分析部门经济增长出发，分析了51个国家经济增长过程中行业结构的变化，认为在经济规模扩大的过程中，农业和服务业的比重变化幅度较小，制造业的比重得到显著提升。总的来说，库兹涅茨和钱纳里认为经济增长是促进产业结构演变的动因。罗斯托（1960）在《经济增长的阶段》一书中将人类社会的发展分为五个阶段，在不同的阶段必须有相应的主导部门来拉动经济的增长。他认为经济增长是一个部门过程，部门结构的变动推动了经济总量的增加。

在实证研究方面，国内学者进行了大量的研究。张光南（2003）从产业结构偏离度及产业结构比较劳动生产率两方面对香港制造业的就业结构与产业结构的效益进行了分析。朱慧明和韩玉启（2003）利用各地区的国内生产总值及三大产业产出的横截面数据和时间序列数据测算了各产业增长对经济增长的贡献。研究结果表明：产业结构调整和经济增长之间存在单向的Granger因果关系，产业结构调整促进了经济增长。刘伟（2008）分析了30年来中国产业结构变动的趋势及其对经济增长的影响，并提出了下一阶段中国保持持续增长的路径。王展祥（2010）的研究表明农业相对劳动生产率倒"U"型曲线在中国并不成立,这意味着中国产业结构变化严重滞后于经济增长。王海军(2010)对中国二元经济结构演变与经济增长进行了分析,认为不管是在短期还是在长期,二元经济结构变动与GDP增长呈现动态均衡关系,二元对比系数与经济增长呈负向关系。付凌晖(2010)对1978—2008年产业结构升级与经济增长的关系进行实证研究,得出的结论是经济总量的增加明显带动了产业结构的升级,而产业结构高级化对经济增长的促进作用并不明显。今春雨等(2012)对吉林省三大主体功能区与经济增长进行双向Granger因果关系检验,发现重点开发区经济增长是产业结构高级化的单向Granger原因,经济增长促进了产业结构高级化。

那么,香港产业结构演变与经济增长的关系又是怎么样的呢?不同产业对经济增长的拉动具有什么样的特点?这些都是本文旨在研究的问题。刘国芬(2006)指出,由于香港是一个微小经济体,不具备完善的产业体系,基本上不存在农业部门,故无法根据三大传统产业结构演变理论来进行分析。故本文将选取香港传统的四大支柱产业作为研究对象。

二、香港产业结构演变的趋势分析

(一)产值与就业人口比重的演变趋势

产业结构演变一般可以通过两个指标来衡量:一是不同产业产值占总产值的比重,二是不同产业就业人口占总就业人口的比重。香港传统的四大支柱产业指的是金融服务业、贸易物流业、旅游业、专业服务及其他工商业支援服务业(以下简称专业服务业),扮演着推动香港经济增长、促进就业的角色。之所以选取1995—2010年作为研究段,是因为在此时间段香港先后经历了回归、金融危机、SARS、自由行、CEPA签订等一系列重大事件,为分析回归后香港产业结构演变的总体趋势以及不同阶段的特点提供了素材。一般认为,香港作为一个自由开放的经济体,对于外部冲击和突发事件是十分敏感的。在这些重大事件发生时,香港自身会在较短时间内做出反应并表现在产值比重和就业人口比重的变化上。本文通过搜集来自香港特区政府统计处的数据,绘制得到有关产业产值比重和就业人口比重变化趋势图(图1、图2)。

从图1可知,旅游业的产值比重变化较小,基本维持在3%左右。1997年金融危机以及2003年SARS的爆发对于旅游业产生了较大冲击,其产值比重由1996年的3.1%下降至1998年的2.2%以及由2002年的3%下降至2003年的2.5%;随着自由行的实施,香港的旅游业也得到了较明显的增长,表现为2004—2010年其产值比重稳步上升。金融服务业的产值比重在2006年之前表现为小幅上升,进入2006年后呈现出较大幅度的波动。2007年的产值比重一度接近20%,相当于1997年的两倍。随着国际金融危机的进一步恶化,香港金融服务业较为强劲的表现难以持续,开始逐步回落至15%左右的水平。贸易物流业的演变趋势则呈现出一定的周期性波动,但波动的幅度较小，平均水平基本维持在26%。在四大支柱产业中，贸易物流业的产值比重最大，对拉动经济增长、促进就业起到了重要作用；专业服务业产值比重的变动趋势是平缓并小幅上升的，大至维持在12%左右的水平。

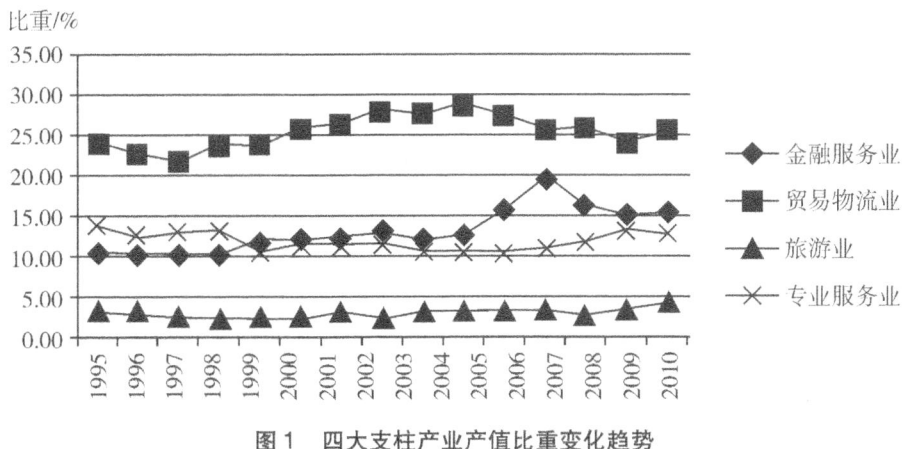

图1 四大支柱产业产值比重变化趋势

资料来源：香港特区政府统计处。

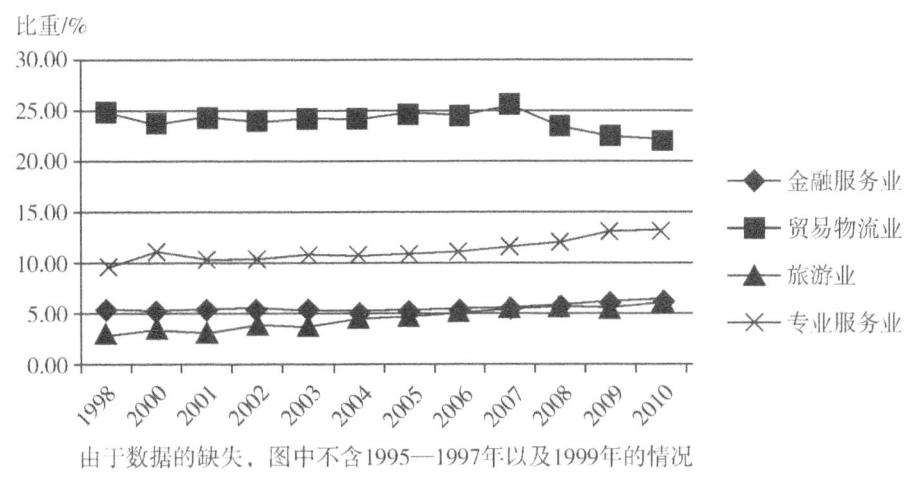

由于数据的缺失，图中不含1995—1997年以及1999年的情况

图2 四大支柱产业就业人口比重变化趋势

资料来源：香港特区政府统计处。

从图2可知，旅游业就业人口比重呈现稳步小幅上升的趋势。随着香港对内地进一步的开放、与内地经济的进一步融合，该产业就业人口比重将在未来一段时间内保持平稳增长的态势。金融服务业就业人口比重的演变趋势类似于旅游业，呈小幅上升的趋势，由1998年的5.6%上升至2010年的6.3%。2008年国际金融危机的进一步恶化并没有对香港金融服务业就业人口比重产生较大的影响，表现为2008—2010年其就业人口比重持续小幅上升。贸易物流业的就业人口比重则呈现出高开低走的态

势。1998—2007年表现得较为平缓,其平均水平大致维持在25%左右;进入2008年后其就业人口比重出现较大幅度的下跌,由2007年的26%下降至2010年的22.4%。专业服务业的就业人口比重呈现出稳步上升的态势,由1998年的9.6%上升至2010年的13.3%。

(二)产业结构偏离度的演变趋势

产业结构偏离度是指各产业的产值比重与相应的就业人口比重的差异程度,其计算公式为:

$$E_i = A_i / a_i - 1。$$

式中:i是各个产业;A_i和a_i分别是产业i的产值比重和就业人口比重;E_i是产业结构偏离系数。其特定的含义是:当E_i大于0或者小于0时,说明该产业存在就业人口不足或者人口过剩的现象;当E_i越接近于0时,说明该产业发展越均衡。根据历年香港特区政府统计处的数据,计算可得各产业的结构偏离系数(表1)。

表1 四大产业的结构偏离系数

年份	金融服务业	贸易物流业	旅游业	专业服务业
1998	0.87	-0.05	-0.29	0.38
2000	1.28	0.00	-0.33	-0.03
2001	1.20	0.06	-0.21	0.11
2002	1.21	0.09	-0.25	0.10
2003	1.42	0.14	-0.34	0.06
2004	1.39	0.13	-0.34	-0.02
2005	1.39	0.15	-0.34	-0.03
2006	1.89	0.11	-0.37	-0.07
2007	2.54	0.00	-0.39	-0.05
2008	1.72	0.09	-0.50	-0.01
2009	1.49	0.06	-0.40	0.00
2010	1.44	0.13	-0.29	-0.03

资料来源:香港特区政府统计处,经作者计算而得。

由表1分析可知,金融服务业的结构偏离系数远远大于0,说明该产业存在较为严重的就业人口不足,在未来应该吸纳更多的人员从事金融服务业以弥补就业的缺口。贸易物流业发展较为均衡,其结构偏离系数在0左右徘徊。旅游业的结构偏离系数较大程度地偏离0的水平,且其符号为负,反映出该产业存在一定程度的就业人口过剩;随着未来旅游业的平稳较快发展,就业人口过剩的现象将逐步得到缓解。专业服务业的结构偏离系数在0左右徘徊,说明其结构是较为均衡的;随着专业服务业的快速发展,在未来可能出现一定程度的就业人口不足的现象。

三、实证检验与分析

(一) 变量的选取与说明

为了验证四大支柱产业对香港经济增长的影响,本文选取了 1995—2010 年为样本区间,以 2010 年为基期进行指数平减,得到每一年地区生产总值以及四大支柱产业增加值。然后通过自然对数化处理,分别以 $\ln GDP$、$\ln FINANCE$、$\ln TRADE$、$\ln TOUR$、$\ln SERVE$ 来表示。本文的数据均来自香港特区政府统计处。特别要说明的是,由于 1999 年四大支柱产业增加值数据缺失,本文取 1995—1998 年的算术平均值作为代替。

(二) 单位根检验

单位根检验是检验序列中是否存在单位根。如果序列中存在单位根过程,则可能在回归分析中出现虚假回归的情形。协整检验以及 Granger 因果关系检验的必要条件都要求时间序列必须是同阶单整的。故在协整以及 Granger 因果关系检验之前,须做单位根检验。本文将采用 Dickey-Fuller 的 ADF 检验方法,基于 Eviews 6.0 对一阶差分 $\Delta \ln GDP$、$\Delta \ln FINANCE$、$\Delta \ln TRADE$、$\Delta \ln TOUR$、$\Delta \ln SERVE$ 进行平稳性检验,结果如表 2 所示。

表 2 产业与经济增长的平稳性检验

变量	ADF 值	检验类型 (C, T, L)	1% 的临界值	5% 的临界值	是否平稳
$\ln GDP$	2.2050	(0, 0, 1)	-2.7406	-1.9684	否
$\ln FINANCE$	1.4348	(0, 0, 1)	-2.7406	-1.9684	否
$\ln TRADE$	1.9890	(0, 0, 1)	-2.7406	-1.9684	否
$\ln TOUR$	1.2425	(0, 0, 1)	-2.7406	-1.9684	否
$\ln SERVE$	2.0353	(0, 0, 1)	-2.7406	-1.9684	否
$\Delta \ln GDP$	-1.6507	(0, 0, 1)	-2.7549	-1.9709	是 (10% 水平)
$\Delta \ln FINANCE$	-2.6535	(0, 0, 1)	-2.7549	-1.9709	是
$\Delta \ln TRADE$	-1.9806	(0, 0, 0)	-2.7406	-1.9684	是
$\Delta \ln TOUR$	-2.3513	(0, 0, 1)	-2.7549	-1.9707	是
$\Delta \ln SERVE$	-3.7289	(1, 1, 2)	-4.9922	-3.8753	是 (10% 水平)

说明:C、T、L 分别代表常数项、时间趋势项、滞后阶数。

由表2可知，lnGDP、lnFINANCE、lnTRADE、lnTOUR、lnSERVE 均为非平稳的时间序列，其变量的一阶差分在5%的显著性水平下是平稳的（ΔlnGDP、ΔlnSERVE 在10%的显著性水平下平稳）。故原始序列均为一阶单整 I（1）序列，符合进行协整以及 Granger 因果关系检验的必要条件。

（三）协整检验

对时间序列进行协整检验的目的是验证非平稳序列的线性组合是否存在长期稳定的均衡关系。对于多个变量之间的协整关系通常采用 Johansen 检验方法，它是一种基于 VAR 模型为基础的检验回归系数的方法。本文同样采用 Johansen 检验，其检验结果如表3所示。

表3 产业与经济增长的协整迹检验

零假设	特征值	迹统计量	5%水平临界值
None	0.8852	61.5669	60.0614
At most 1	0.6597	29.0931	40.1749
At most 2	0.4882	12.9226	24.2760
At most 3	0.1498	2.8737	12.3209
At most 4	0.0289	0.4400	4.1299

首先对原假设不存在协整关系进行检验，发现在5%显著性水平下的临界值为60.0614，小于迹统计量61.5669，故拒绝了原假设。这表明各变量之间至少存在一个协整关系。接着考察至多存在一个协整关系的原假设，由于迹统计量29.0931小于5%水平临界值40.1749，因此原假设无法拒绝。迹统计检验结果表明，在5%的水平上变量之间存在一个长期的稳定的均衡关系。对各变量进行最大特征值的 Johansen 检验，同样得出存在一个协整关系的结论（表4）。

表4 产业与经济增长的协整最大特征值 Johansen 检验

零假设	特征值	最大特征值统计量	5%水平临界值
None	0.8852	32.4738	30.4369
At most 1	0.6597	16.1705	24.1592
At most 2	0.4882	10.0489	17.7973
At most 3	0.1498	2.4336	11.2248

（四）Granger 因果关系检验

该检验可以确定经济变量之间是否存在因果关系以及相互影响的方向。Granger 因果关系检验包括三种情形：第一种是不存在相互因果关系，第二种是存在单向因果关系,第三种则是存在双向因果关系。由于 Granger 因果关系检验的结果在一定程度上依赖于滞后阶数的选择,本文先后在滞后一阶和二阶的情况下对 lnGDP、ln$FINANCE$、ln$TRADE$、ln$TOUR$、ln$SERVE$ 等 5 个变量进行 Granger 因果关系检验,发现两种情形下的结论基本是一致的。表 5 给出了滞后一阶下的检验结果。

表 5 产业与经济增长的 Granger 因果关系检验

原 假 设	样本数	F 统计值	P 值	结 论
ln$FINACE$ 不是 lnGDP 的格兰杰原因	15	0.0118	0.9151	接受
lnGDP 不是 ln$FINANCE$ 的格兰杰原因	15	3.2261	0.0911	拒绝(10%水平)
ln$TRADE$ 不是 lnGDP 的格兰杰原因	15	4.5539	0.0542	拒绝(10%水平)
lnGDP 不是 ln$TRADE$ 的格兰杰原因	15	0.2575	0.5698	接受
ln$TOUR$ 不是 lnGDP 的格兰杰原因	15	1.8095	0.2034	接受
lnGDP 不是 ln$TOUR$ 的格兰杰原因	15	4.3052	0.0602	拒绝(10%水平)
ln$SERVE$ 不是 lnGDP 的格兰杰原因	15	0.3528	0.5636	接受
lnGDP 不是 ln$SERVE$ 的格兰杰原因	15	10.3497	0.0074	拒绝(1%水平)

通过表 5 可知,在金融服务业方面,ln$FINANCE$ 不是 lnGDP 的格兰杰原因,lnGDP 却是 ln$FINANCE$ 的格兰杰原因,说明金融服务业显著增长并不能够引起经济的显著增长,经济的增长却能促进金融服务业的增长;在贸易物流业方面,ln$TRADE$ 不是 lnGDP 的格兰杰原因的原假设在 10% 的水平被拒绝,这说明贸易物流业的显著增长能够引起经济的显著增加;在旅游业方面,ln$TOUR$ 不是 lnGDP 的格兰杰原因的原假设无法拒绝,反映了旅游业对拉动香港经济增长的作用并不明显;在专业服务业方面,地区生产总值的显著增长能够拉动专业服务业的增长,反过来则不能。

四、四大支柱产业对经济增长的贡献

(一)弹性估计与结构性断点检验

为了估计出四大支柱产业相应的产出弹性,本文对如下的计量模型进行估计:

$$\ln GDP = \beta_0 + \beta_1 \ln FLANCE + \beta_2 \ln TRADE + \beta_3 \ln SERVE + \beta_4 \ln TOUR + \varepsilon。$$

变量的选取与说明同本文的第三部分,分别代表四大支柱产业各自的产出弹性。其估计结果如下:

$$\ln GDP = 4.48 + 0.195 \ln FLANCE + 0.303 \ln TRADE + 0.307 \ln SERVE - 0.021 \ln TOUR。$$
$$\quad\quad (0.78) \quad\quad (0.06) \quad\quad\quad (0.08) \quad\quad\quad (0.07) \quad\quad\quad (0.04)$$

其中，金融服务业、贸易物流业、专业服务业的产出弹性估计值分别为 0.195、0.303、0.307，可知贸易物流业、专业服务业对经济增长的拉动效应较大。值得说明的是，回归模型中旅游业的产出弹性为负，这与现实情况是相违背的，其在统计上也是不显著的。这反映了旅游业拉动经济增长的作用是不明显的。这与本文第三部分中 ln$TOUR$ 不是 lnGDP 的格兰杰原因的结论是相吻合的。

另外，2003 年自由行实施、CEPA 签订后，四大支柱产业的产出弹性是否发生显著变化呢？本文选取 2004 年为检验年份，通过对上述回归方程进行 chow 检验（结构性断点检验），其结果如表 6 所示。

表 6　产出弹性的 chow 检验结果

LR 统计量	19.978	Prob Chi-square	0.0013
Wald 统计量	14.914	Prob Chi-square	0.0107

表 6 的检验结果有力地拒绝了不存在结构性断点的原假设，说明四大支柱产业的产出弹性在自由行实施、CEPA 签订后发生了显著的结构变化。相应的，四大支柱产业对经济增长的拉动作用在 2003 年后也产生了一定程度的变化。

（二）四大支柱产业对香港经济增长贡献率的演变趋势

为了考察在不同的时期，四大支柱产业对香港经济增长的贡献率，本文将 1995—2010 年分为三个时期，以 1997 年和 2003 年作为分界点。通过相关数据计算，得到三个时期四大支柱产业的年平均增长率，如表 7 所示。

表 7　四大支柱产业不同时期的年均增长率

单位：%

时　期	金融服务业	贸易物流业	旅游业	专业服务业
1995—1997 年	3.75	0.38	-5.78	2.28
1998—2003 年	8.09	0.42	5.77	0.42
2004—2010 年	8.74	3.21	11.73	7.96

说明：年均增长率 = $\sqrt[n]{期末数值/期初数值} - 1$，其中 n 为期末年份减去期初年份；以 2010 年价格为环比价格。

资料来源：香港特区政府统计处。

从表 7 可知，进入 2004 年以后，除了金融服务业年均增长率小幅上升以外，其他三个行业的年均增长率都出现了显著的提高，特别是旅游业和专业服务业。其中，贸易物流业的年均增长率在 2004 年之前不足 1%，进入 2004 年以后年均增长率超过了 3%。旅游业在 1995—1997 年期间有着负的增长率；1997 年香港回归后旅游业有了长足的进步，1998—2003 年期间的年均增长率达到了 5.77%；随着 2003 年自由行的实施,香港的旅游业得到了飞速的发展,2004—2010年的年均增长率更是达到了11.73%的水平。同时,专业服务业在2003年以后的增长速度也是十分惊人的,由1998—2003年时期的0.42%上升至2004—2010年期间的7.96%。这可能部分得益于自由行实施、CEPA签订以来香港与内地更加紧密的经贸联系。

相应地,本文计算了每一时期四大支柱产业对总产值增加的贡献率(表8)。

表8 各产业对经济增长的贡献率

单位:%

时 期	金融服务业	贸易物流业	旅游业	专业服务业
1995—1997年	7.88	1.76	-3.53	6.17
1998—2003年	28.23	52.43	4.06	1.59
2004—2010年	25.13	18.20	8.80	19.42

说明:某时期产业对经济增长的贡献率等于该产业在这一时期的产业增加值与地区生产总值增加值的比值。

金融业作为香港传统的支柱产业,一直扮演着香港经济增长引擎的角色。进入2004年,金融业对经济增长的贡献率虽然经历小幅度的下降,但也一直维持在25%以上的水平。一方面,香港面临着来自内地上海、深圳等城市越来越激烈的竞争,这将在一定程度上削弱香港国际金融中心的地位,对香港经济增长产生不利的影响;另一方面,香港高度自由、开放经济体等制度优势在短时期内仍继续保持,内地尚不能赶超。故本文认为香港金融业在未来仍然是拉动香港经济增长的重要角色。

贸易物流业的年均增长率是四大支柱产业中最低的,部分反映了该产业的发展开始陷入瓶颈期。其对经济增长的贡献率从1998—2003时期的52.43%下降到了2004—2010年时期的18.2%。其中以物流业受到的挑战尤为明显,一方面香港货运收费高、港口场地规模有限,其竞争优势在于港口物流,在工业企业物流以及农产品物流方面相对较弱;另一方面,随着上海、深圳港口吞吐量超过香港,长江三角洲和珠江三角洲均呈现增强港口基础设施建设、进行区域内港口资源整合的发展态势。在未来,香港物流业将承受来自内地的愈发严峻的挑战,对经济增长的贡献率可能呈进一步下降的趋势。

旅游业对经济增长的贡献率在自由行实施后呈现出显著的增幅,其贡献率逐步上升至8.8%的水平。2010年香港旅游业产值占地区总产值的比重达到了4.4%,提供了6.2%的就业岗位。除了自身的快速发展,其较强的产业关联效应拉动了其他产业的增长。随着香港对内地城市的进一步开放,旅游业拉动经济增长的作用将会越发明显。

专业服务业近几年也取得了较快的发展,2004—2010年该产业对经济增长的贡献率达到了19.42%,仅次于金融服务业。这部分得益于香港与珠江三角洲地区更加紧密的经贸联系,直接刺激了相关服务的需求。相对于内地的专业服务业,香港的优势还是较为明显的。伴随着CEPA实施的进一步深化,更多的内地服务业领域将会对香港开放。总的来说，专业服务业对经济增长贡献的前景是较为明朗的。

五、对支柱产业发展的一些建议

在未来香港六项优势产业没有成长为新的支柱产业之前，四大产业将仍然扮演着拉动香港经济增长、促进就业的关键角色。如何巩固和优化四大支柱产业将成为下一阶段香港的主要工作之一。

从金融服务业的角度来讲，香港作为国际金融中心，其金融发展指数中制度环境、商业环境、市场规模名列世界前茅。但进入2008年，香港股市的市场价值已经被上海股市所超越，一定程度上说明香港对于内地企业的吸引力开始下降（香港特别行政区中央政府中央政策组，2010）。2009年4月，国务院发布了关于推进上海建设国际金融中心和国际航运中心的意见；同年5月《深圳市综合配套改革总体方案》出台，指出要将深圳建设成国际金融中心、物流中心等。香港的金融服务业面临来自内地前所未有的竞争压力。但是机遇也是存在的：一方面，香港可以依靠中央支持香港的14项措施以及《珠江三角洲地区改革发展规划纲要（2008—2020年）》实施的优势，积极吸引内地企业赴港上市；另一方面，香港面临着人民币国际化的重要契机，有可能成为人民币走向国际的先得利益者。

贸易物流业的产值比重和就业人口比重是四大支柱产业中最大的，2010年分别达到了25.5%和22.4%，可以说该产业是香港名副其实的支柱产业。近年来，贸易物流业面临的竞争日趋激烈。一方面，国际金融危机的恶化较大程度地冲击了香港的外向型经济；另一方面，内地大型集装箱码头的建设将在未来一段时间进一步削弱香港国际物流中心的地位。迎接挑战，香港可以在第三方物流与广州、深圳开展分工协作的同时，积极发展第四方物流。随着CEPA的深入实施，香港物流行业应积极进入内地拓展市场空间。

旅游业的产值比重和就业人口比重是四大支柱产业当中最小的。在实证分析部分，我们发现，目前旅游业虽呈现稳步上升的态势，但是拉动经济增长的效应仍不明显。进入2004年后，旅游业产值的增长率以及比重出现较大幅度的提升。旅游业不仅能为本地居民提供工作岗位，又能够有效地拉动其他产业的发展。伴随着香港对内地游客的进一步开放，笔者认为该产业促进经济增长的作用将会变得更明显。进一步简化内地游客赴港的手续、提升服务质量是巩固和优化旅游业的重要途径之一。

专业服务业的产值比重和就业人口比重在2010年均达到了13%左右的水平，其产出弹性是四大支柱产业中最大的，达到了0.307。在未来，大力发展专业服务业将能有效地拉动经济的增长。由于该产业是属于专业人才提供特定服务的行业，支持相关人才的流动、促进内地与香港相关人才的资格认证将能有效地促进该产业的发展。

参考文献

[1] 张光南. 香港制造业的就业结构与产业结构效益分析 [J]. 统计与预测, 2003 (6): 74-76.

[2] 王海军, 张岽. 中国二元经济结构演变与经济增长的实证分析 [J]. 经济与管理, 2010 (5): 5-10.

[3] 付凌晖. 我国产业结构高级化与经济增长关系的实证研究 [J]. 统计研究, 2010 (8): 79-81.

[4] 刘伟, 蔡志洲. 我国产业结构变动趋势及对经济增长的影响 [J]. 经济纵横, 2008 (12): 64-70.

[5] 今春雨, 程浩, 王伟强. 产业结构与经济增长效应的关系研究 [J]. 价格理论与实践, 2012 (2): 65-66, 72.

[6] 刘国芬. 香港产业结构的演变与出路 [J]. 特区经济, 2006 (3): 65-67.

[7] 张俊森, 伍晓鹰, 宋恩荣, 等. 就香港未来发展、巩固和优化现有支柱产业及发展优势产业的跟进研究 [EB/OL]. (2009-06-08) [2013-02-01]. http://www.cpu.gov.hk/doc/tc/research_reports/Further%20study%20on%20hk%20economy_c.pdf.

[8] 朱慧明, 韩玉启. 产业结构与经济增长关系的实证分析 [J]. 运筹与管理, 2003 (2): 68-72.

[9] 王展祥. 中国产业结构演进与经济增长关系研究 [J]. 当代经济研究, 2010 (4): 41-45.

作者单位：中山大学港澳珠江三角洲研究中心

构建中国四法域统一的国际海上货运代理制度

李 可

摘 要: "一国两制三法系四法域"折射到国际海上货运代理制度中,是因不同法域的不同代理制度造成的海上货运代理制度的不同,在海上货运代理人身份识别方面这个差异尤为突出。本文重在探讨中国四法域海上货运代理制度中有关身份识别问题的差异,并分析构建四法域统一的国际海上货运代理制度的可行性。

关键词: "一国两制";代理制度;国际海上货运代理制度;身份识别;统一"示范法"

一、引 言

由于历史、政治及法律文化等方面的差异,国际海上货运代理制度在中国大陆及港、澳、台地区呈现区域多样化的特点。台湾及澳门地区的代理制度承袭大陆法系特色,以"自己名义"为委托人安排货物运输的海上货运代理人由特殊的行纪制度调整①;香港及大陆地区的代理制度吸收了英美法系"被代理人身份不公开代理"制度,赋予委托人的介入权和第三人的选择权,以"自己名义"为委托人安排货物运输的海上货运代理人,可能因托运人的介入权或承运人的选择权仅承担代理人之责。另外,随着国际海上货运代理业的发展,国际货运代理人从传统的代理逐渐向运输经营人转变,货运代理人的多重身份以及不同法域间对货运代理人的身份识别各持不同标准,使得判断货运代理人的权利义务更为困难。②

本文从代理制度与海上货运代理制度的关系的角度出发,围绕货运代理人身份的识别问题,分析、比较中国大陆与港、澳、台四法域的国际海上货运代理制度的异同点,并在此基础上讨论解决四法域间国际海上货运代理法律冲突的可行性模式。

二、普通法影响下的香港国际海上货运代理制度

由于历史原因,香港法域的法律制度具有浓厚的普通法色彩,以判例法为主。香港的国际海上货运代理制度根植于英美法的代理制度。英国代理法将代理划分为三种

---

① 对国际海上货运代理人的称谓也不统一,如在台湾称为"海运承揽运送人",在澳门称为"货物运送行纪人",下文将详述。
② 有学者指出,20世纪最令货运代理人头疼的法律问题就是其身份的识别问题(参见杨运涛、丁丁:《国际货运代理法律指南》,人民交通出版社2002年版,第23页)。

类型，即显名代理（named agency）、隐名代理（unnamed agency）和被代理人身份不公开的代理（undisclosed agency/principle）。这种代理三分法在美国的《代理法重述》中同样有所体现。就法律效果而言，显名代理和隐名代理中，主合同的法律效果直接约束被代理人与第三人。① 这是法律原则，也有例外。② 至于代理人是否就合同负起个人义务，则视合同当事人的意向决定，该意向从合同的性质和条款以及订约的环境，包括习俗推定出来。③ 在代理人身份不公开的代理中，法律赋予被代理人直接介入权（right of intervention）和第三人选择权（right of election），被代理人有权选择向第三人直接主张权利，而第三人也有权选择越过代理人，直接向被代理人主张权利，此时代理人得以脱离合同当事人之法律地位，仍仅承担纯粹代理之责；相反，被代理人或第三人也有权选择向代理人主张权利，要求代理人承担合同当事人之法律责任。④ 无论如何，法律保护在交易当时"被蒙在鼓里"的本人或第三人，赋予其代理关系被事后披露时的权利补救，维护法律的公平与效率，代理人无权主动以代理为借口而推脱合同当事人的法律责任。

英美法关于被代理人身份不公开的代理制度，使得货运代理人的法律地位变得微妙。同一个货运代理人在实务操作中的一些微小的差别，可能会构成其是否应承担合同当事人之责的关键认定因素。而在法律没有明确规定的情况下，如何判定一个案件中的货运代理人是代理人还是运输当事人变得模糊难分。

在 Italia Marittima S. p. A v. Translink Shipping（Hong Kong）Ltd⑤ 中，香港地方法院法官支持了原告承运人的诉讼请求，判定被告货运代理人对未正确披露货物危险性承担独立的违约责任。在此案中，货运代理人 Translink Shipping（Hong Kong）Ltd 在订舱和领取集装箱环节均以自己的名义进行（虽然是由实际托运人领取的集装箱，但实际托运人也是以货运代理人的名义进行），并未披露委托人，只在填写提单信息时才披露了委托人的信息。法官判定在原告、被告之间存在两个合同：一是以订舱单及其他订舱环节中的往来单据为支持的前期合同（antecedent contract），二是以提单为支持的运输合同。在订立前期合同时，货运代理人未披露其委托人，均以自己名义进行，因此认定在前期合同中，货运代理人应独立承担合同责任，有向承运人如实披露货物危险性的义务，并应承担因违反此义务给承运人造成的经济损失进行赔偿的责任。从此案看，香港法院在判断一个货运代理人是当事人还是代理人时，更注重交易时刻被代理人是否被披露，偏向于保护对交易不知情的第三人利益，以维护交易的稳

---

① FMB Reynolds, *Bowstead & Reynolds On Agency* (17th ed), Sweet & Maxwell, 2001, p. 303.
② FMB Reynolds, *Bowstead & Reynolds On Agency* (17th ed), Sweet & Maxwell, 2001, p. 357, p. 360; Stanley Yeung Kai Yung v. Hong Kong and Shanghai Banking Corp [1981] AC 787, p. 795.
③ FMB Reynolds, *Bowstead & Reynolds On Agency* (17th ed), Sweet & Maxwell, 2001, p. 345; Maritime Stores Ltd v. HP Marshal & Co Ltd [1963] 1 Lloyd's Rep 602, p. 608.
④ Higgins v. Senior (1841) 8 M&W 834; Basma v. Weekes [1950] AC 441; FMB Reynolds, *Bowstead & Reynolds On Agency* (17th ed), Sweet & Maxwell, 2001, pp. 341–342.
⑤ [2010] 1 HKLRD 98.

定。这使得货运代理人在"被代理人身份不公开的代理"中不能随便选择当事人或代理人的身份。

在判断一个货运代理人是否承担承运人责任时,香港法强调根据货运代理人取得报酬的名义、方式以及当事人之间的交易习惯等综合认定海上货运代理合同关系是否成立。①《香港货运物流业协会标准条款》(HAFFASTC)第4.3条也规定:"仅凭以下某一个或几个因素,都不足以判定一个货运代理人的'代理人'身份或'承运人'身份: a)货运代理人签发自己的运输单证,如货代空运单、航空发货单、货代提单或货代货物收据; b)收取了一揽子运费; c)货物被转运、运输、仓储,或者与其他托运人的货物拼装。"

三、极具大陆法色彩的台湾、澳门国际货运代理制度

(一)台湾的海运承揽运送人

在台湾,货运代理从业者被称为承揽运送人。台湾《民法》第660条对"承揽运送人"的定义为"称承揽运送人者,谓以自己之名义,为他人之计算,使运送人运送物品而受报酬为营业之人"。此条款侧重于强调货运代理人的"承揽"身份。同时,台湾《民法》第663条及第664条对承揽运送人的另一重身份,即"运送"身份予以规定。第663条规定承揽运送人除契约另有订定外,得自行运送物品;如自行运送,其权利义务与运送人同。这一条是对承揽运送人的运输介入权所做的规定。第664条规定:就全部约定价额或承揽运送人填发提单于托运人者,视为承揽人自己运送,不得另行请求报酬。此条是对承揽运送人介入权的拟制。另外,台湾《民法》同时规定,除本节专门规定外,有关承揽运送人的规定,可以准用关于行纪之规定。从台湾《民法》的上述规定看,台湾承揽运送人有两种角色:一种是从事承揽运输的行纪人,一种是实际从事运输的运送人。另外,在实务上也有承揽运送人在订立承揽运送合同后,以委托人的代理人之身份与第三人签订各种为完成运送所需之合同,此时承揽运送人以委托人的名义执行职务,其执行行为的效力直接及于委托人。此与承揽运送人履行承揽运送契约义务须以自己之名义,差别仅在于前者是直接代理,而后者是特殊行纪,承揽运送合同的内容及目的并无不同。② 因此也有学者将两者并称为"广义的承揽运送人"。③ 如采纳广义的承揽运送人,则台湾的承揽运输合同与中国大陆的货运代理合同范围基本相同。

对于区别于一般承揽运送人的海运承揽运送人,台湾有特别的规定。台湾《航

---

① 参见 Elektronska Industrija Oour TVA v. Transped Oour Kintinentalna Spedicna [1986] 1 Lloyd's Rep 49。另参见 Hair and Skin Trading Co Ltd v. Norman Air Freight Carriers [1974] 1 Lloyd's Rep 443.
② 黄立:《民法债编各论(下)》,中国政法大学出版社2003年版,第702页。
③ 史尚宽:《债法各论》,中国政法大学出版社2000年版,第659页。

业法》第 2 条第 4 项将"海运承揽运送人"定义为"指以自己名义,为他人之计算,使船舶运送业运送货物而受报酬之事业"。与台湾《民法》对承揽运送人的概念相比较,海运承揽运送人的定义里主要强调了"使船舶运送业"而非一般运送人运送货物,突出了海运特色。但由于台湾《航业法》并无类似台湾《民法》第 663 条、第 664 条对承揽运送人之"运送"角色的规定,相反,台湾《航业法》第 48 条规定"海运承揽运送业者除船舶运送业兼营者外,不得租佣船舶,运送其所承揽货物"。由此看来,在台湾海运承揽运送业者必须同时具有船舶运送业资格,否则不具有承运人资格。还有台湾学者认为台湾的海运承揽运送人相当于美国的无船公共承运人(non-vessel operating common carrier)。[①] 无论如何,台湾海运承揽人的角色定位非常清楚,即作为特殊行纪人,具有独立的法律地位,只有在兼营船舶运输业时,才有是行纪人还是承运人的身份识别问题,而实践中判断其承运人的标准主要是收取运费的方式和签发提单的行为。

(二) 澳门的货物运送行纪

因同属大陆法系,澳门的国际海上货运代理制度与台湾类似。在澳门,货运代理合同被称为承揽运送合同,澳门《商法典》对承揽运送合同有详细规定。澳门《商法典》第五编第 616 条规定:承揽运送合同,系指商业企业主有义务以自己名义为委托人订立物品运送合同,并完成有关附属事项之委任合同。第 617 条规定了承揽运送合同的撤回;第 618 条及第 619 条列出了承揽运送人之义务及权利;第 620 条规定了运送责任之推定,即承揽运送人不论自行或以第三人之工具承担运送之全部或部分责任,其权利义务均与运送人同。而区别于一般货运代理合同的海上货运代理合同,在澳门被称为货物运送行纪,由澳门《海商法》[②] 调整。其中第 84 条是关于"适用于货物运送行纪之概念及制度"的规定。第一款规定,货物运送行纪,系指一方当事人有义务以自己名义,为托运人之计算,与运送人订立合同,使运送人运送货物之合同。第二款规定,货物运送行纪合同,受适用于承揽运送合同之规定规范。由此可见,在澳门,海上货运代理合同与一般的货运代理合同均准用澳门《商法典》中对"承揽运送合同"的规定。

澳门《海商法》对国际海上货运代理合同称为货物运送行纪合同,其中使用了"行纪"这个概念。另外,货物运送行纪合同虽然准用澳门《商法典》中"承揽运送合同"的规定,但澳门《商法典》中"承揽运送合同"一篇第 621 条补充规定了,"行纪合同之规定经必要配合后适用于本编无特别规定之事宜"。虽然澳门《商法典》对行纪人的经营范围约束在"将物买入或出售"范围内,但因澳门《商法典》"承揽运送合同"一篇将行纪合同纳入准用范围,作为对承揽运送合同的补充,因此有关行纪合同的规定也准用于承揽运送合同。例如第 601 条规定,对于与行纪人订立合同

[①] 林光、张志清:《航业经营与管理》,(台北)东徽兴业出版社 2001 年版,第 360~361 页。
[②] 澳门《海商法》是于 1999 年 12 月 13 日由澳门立法机关颁布的规范海事范畴的第 109/99/M 法令。

之人所负义务之履行，行纪人不承担责任，但于订立合同时已知悉或应知悉彼等无偿还能力者除外；又如第614条规定，就履行行纪时所生之债权，行纪人对所持有之委托人之货物享有留置权，尤其是在持有具货物处分权之文件之情况下；等等。

四、中国大陆的国际海上货运代理制度与货运代理人身份的识别

在中国大陆，国际海上货运代理并无单独的制度设计。2004年颁布的《中华人民共和国国际货物运输代理业管理规定实施细则》对国际货运代理人的多重身份予以规定。其中第2条规定："国际货物运输代理企业（以下简称国际货运代理企业）可以作为进出口货物收货人、发货人的代理人，也可以作为独立经营人，从事国际货运代理业务。"由此可以明显看出国际货运代理人从原有的"代理人"向"独立经营人"① 角色转变的过程。国际海上货运代理人实际的业务操作模式远比法律规定所描述的要复杂，主要有以下几种类型：①以发货人的名义托运货物，并取得承运人或其代理人签发的运输单据；②以自己的名义托运货物，并取得承运人或其代理人签发的运输单据；③以自己的名义承揽货物，向托运人签发全程运输单据，通过自己的雇员或自有运输工具完成部分运输，或将全程运输转委托给实际承运人完成；④以承运人的名义承揽货物，代理承运人签发运输单据或提供承运人签发的运输单据。

如果按照《中华人民共和国民法通则》（以下简称《民法通则》）将"代理"限定于"直接代理"，那么货运代理人的身份识别尚较清晰：第①、④种情况下，无论是以发货人的名义还是以承运人的名义行事，均应认定为发货人或承运人的代理人，其行为结果直接归属于发货人或承运人；第②、③种情况下，货运代理人以自己名义托运或揽货，就应承担独立的托运人责任或承运人责任，而不能以"代理人"身份逃避责任。但中国大陆法域的特殊"代理"制度将货运代理人的身份识别问题复杂化了。

（一）中国大陆法域的代理制度与货运代理人身份的识别

《民法通则》第63条规定，代理人在代理权限内，以被代理人的名义实施民事法律行为；被代理人对代理人的代理行为承担民事责任。这一规定沿袭了大陆法系的民事代理理论，仅承认直接代理，不承认间接代理。但随后颁布的《中华人民共和国合同法》（以下简称《合同法》）"委托合同"一章中第402条、第403条的规定又借鉴了英美法中关于隐名代理和被代理人身份不公开的代理制度。其中第403条赋予了被代理人的直接介入权和第三人选择权。

在上述法律均现行有效的情况下，货运代理人以自己名义托运货物或以自己名义承揽货物时的法律地位如何评价成为理论界及司法实践中的难题。有学者主张适用

---

① "独立经营人"定义未在该实施细则中体现，但结合该细则第32条、第36条及第38条相关规定，可得出货运代理人作为独立经营人的两种情况：一是单一运输方式下的承运人，二是多式联运经营人。

《合同法》关于隐名代理和被代理人身份不公开代理制度的规定，只要托运人或承运人与货运代理人之间的代理关系约定明确，就应赋予托运人或承运人的直接介入权或第三人选择权。但问题是，在代理关系没有约定明确的情况下又如何？而实践中也正是因为双方对代理关系约定不够明确而对货运代理人身份识别问题产生纠纷。另外，有学者从《民法通则》与《合同法》的法律位阶角度，从《合同法》第402条、403条立法背景的角度分析，认为货运代理应当仅适用《民法通则》关于直接代理的规定，而将有关"为委托人利益，以自己名义"为法律行为纳入"行纪"范畴，与大陆法系的传统民法理论以及立法体系保持一致。[①] 这一观点虽有道理，但无法规避现行有效的《合同法》的适用，在以成文法为主的中国大陆法域很难立足。

（二）最高人民法院关于货运代理人身份识别的最新司法解释

2012年2月27日，最高人民法院公布了《最高人民法院关于审理海上货运代理纠纷案件若干问题的规定》，代表了中国大陆法域最高司法机关对有关海上货运代理法律问题的最新立场，此司法解释于2012年5月1日起实施。其中对货运代理人身份识别问题也做出了规定。第3条规定，人民法院应根据书面合同约定的权利义务的性质，并综合考虑货运代理企业取得报酬的名义和方式、开具发票的种类和收费项目、当事人之间的交易习惯以及合同实际履行的其他情况，认定海上货运代理合同关系是否成立。第4条规定，货运代理企业在处理海上货运代理事务过程中以自己的名义签发提单、海运单或者其他运输单证，委托人据此主张货运代理企业承担承运人责任的，人民法院应予支持；货运代理企业以承运人代理人名义签发提单、海运单或者其他运输单证，但不能证明取得承运人授权，委托人据此主张货运代理企业承担承运人责任的，人民法院应予支持。从此条规定来看，最高人民法院对《合同法》关于隐名代理和被代理人身份不公开的代理制度赋予的被代理人介入权以及第三人选择权是否适用于货运代理合同并未给出正面回答。另外，结合第3条与第4条的规定分析，在货运代理人身份识别方面，最高人民法院在主张综合考虑书面合同约定、交易习惯及合同实际履行情况等因素进行判断的同时，强调了"货运代理人以自己名义签发运输单证"作为委托人要求货运代理人承担承运人责任的必要条件。

五、中国四法域国际海上货运代理制度的冲突及协调

为了调和我国特殊的"一国两制三法系四法域"所带来的区际法律冲突，学界

---

① 有学者认为，《合同法》之所以吸收英美法系的隐名代理制度，是为了解决当初我国外贸代理体制产生的一些问题，并认为《合同法》第402条、第403条不能扩大解释为适用于任何情况下的隐名代理（参见崔云岭、郭洁：《新合同法论》，大连海事大学出版社2000年版，第443～448页）。

展开过广泛的讨论①，并在总结国外成功经验的基础上，归纳出一些区际法律冲突的协调模式，包括冲突法模式、实体法模式等。而对中国四法域内国际海上货运代理制度的冲突而言，并非所有模式在当前的政治、经济背景下都具有现实可能性。

第一，在当前中国的政治经济条件下，通过统一实体法模式，制定适用于四法域的统一的海上货运代理制度困难重重。中国大陆和港、澳、台四法域分属不同法系，有各自不同的法律文化和法律传统。特别是，目前台湾尚未回归，香港、澳门根据其各自的特别行政区基本法，享有高度自治权，具有独立的立法权、司法权和终审权。现阶段在四法域推行统一实体法，既有违"一国两制"的原则精神，也不符合各地区希望保留各自法律、各法律关系主体希望平等交往的要求。

第二，在四法域范围内制定统一的民商事冲突法以统一协调民商事法律冲突，虽符合各法域保持各自法律体系、平等交往的要求，但由于中国四法域各自享有立法权，并不存在凌驾于此四法域之上的最高立法机构，适用于四法域的统一冲突法规则应该由谁制定，由谁颁布，目前很难找到这样的机关，而只能通过四法域签订区际私法冲突协议，再将此协议通过域内立法程序转化为适用于各法域的冲突法规则。另外，目前四法域均有各自的法律冲突规范，如何协调统一这些冲突规范，并为四法域所接受，前途虽然"光明"，但道路曲折。就协调海上货运代理制度而言，首先制定出区际冲突法规则，然后再适用于海上货运代理制度，并不能在短时间内有效解决四法域因法律冲突而给此行业带来的问题。

笔者认为，考虑到中国的经济、政治等各种因素，现阶段利用示范法的灵活性与开放性，以解决中国四法域海上货运代理法律冲突是最有效且最具有现实意义的方法。海上货运代理制度本身的特点也决定了制定海上货运代理示范法的现实可能性。首先，该制度的技术性较强，虽根植于传统民法的"代理"或"行纪"行为，但有其行业特殊性，各法域针对国际海上货运代理都有特殊规定，某些方面规定存在一致的部分；另外，各法域对目前的国际货运代理制度中的某些问题还存在较大争议，并没有在本法域范围内形成一致性意见，这些都给示范法的制定和推行留有空间。其次，货运代理制度属于商事制度的一部分，政治色彩较弱，此种商业代理制度在中国大陆和港、澳、台地区之间的交流融合并不会造成对社会制度本身或对整个法律体系的变更，示范法本身又无强制适用性，各法域在将来的立法中可根据自己法域的法律制度加以修改或调整，因此更容易被四法域所接受。最后，该制度的国际化程度较高，国际海上货运代理区别于一般国内货运代理，在整个海上货物运输过程中，必然会涉及不同国家、不同地区对国际海上货运代理的不同规定。在国际化的大背景下，国际海上货运代理制度的趋势是走向融合的。只有通过实体示范法科学地统一不同法域的规则，建立适应"一国两制"条件下新的市场交易秩序，使不同法域的从业者在市场交易中具有更多的可预见性、安全感，减少和避免市场交易的法律纠纷，才能促进相互间的市场交易更加紧密，从而达到共同繁荣的目的。

---

① 索光举：《中国区际司法统一与大中华经贸区的建立》，《广州大学学报》（社会科学版）2011年第8期。

六、对制定中国统一的国际海上货运代理业示范法的思考

(一) 通过四法域平等合作，共建示范法制定机制

由于四法域有平等立法权，示范法的制定应建立在中国大陆与港、澳、台地区平等协商的基础上，制定机制的建立非常重要。可以考虑成立一个得到各法域官方支持的独立官方工作委员会，负责示范法的调研与起草工作。该委员会的委员可由各法域选派的立法机关工作人员、法官、律师、法学教授以及其他法律专家组成。无疑，以该独立官方工作委员会作为草拟示范法的主体，有利于消除各法域之间因法律文化和法律制度的差异而产生的互不信任，也避免了四法域各自立法时以我为主的偏向。在制定示范法的过程中，广泛征求中国大陆和港、澳、台地区货运代理协会以及相关行业，如航运、贸易等行业协会的意见或建议，确保示范法制定过程的客观公允，为示范法出台后获得各法域的认同、并最终为各法域立法所采纳奠定良好基础。

(二) 以 FIATA《示范法》为制定蓝本，以"求同存异"为原则，兼顾四法域法律制度特点

国际货运代理协会联合会（FIATA）是一个国际性非营利的非政府组织，代表全球 150 多个国家和地区的 5 万多家货运代理物流企业和 1000 万名以上货运代理物流行业从业人员，是在国际货物运输领域具有广泛的国际影响的、最大的行业组织。1985 年中国对外贸易运输总公司作为国家级会员加入了该组织。2000 年 9 月中国国际货运代理协会成立，次年作为国家级会员加入 FIATA。台湾和香港各有一个区域性会员，台湾以"中国台北"名称在 FIATA 登记注册。目前我国大陆有 20 多个个体会员，香港特区有 105 个，台湾有 48 个。为缩小各国、各地区货运代理法律制度的差异，FIATA 于 1996 年制定了《FIATA 货运代理服务示范法》（*FIATA Model Rules for Freight Forwarding Service*，以下简称《示范法》），是迄今为止为统一国际货运代理制度的最重大尝试。《示范法》在拟定过程中充分考虑了各国货运代理制度的差异与共性。在制定适用于中国四法域的海上货运代理示范法（以下简称"示范法"）时，以《示范法》为蓝本更能为四法域接受。在具体条文的拟定方面，除参考《示范法》外，各法域代表应在充分沟通协商的基础上，本着求同存异的精神，制定出适合中国四法域特色的实体示范法。

在称谓方面，目前在大陆及香港法域使用的是"货运代理人"，在澳门及台湾法域称为"承揽运送人"。在统一称谓时，应尽量避免使用代理、行纪等容易与一法域代理或行纪制度混淆的词语，可采用"承揽运送人"的称谓，并按运输方式具体分为海运承揽运送人、空运承揽运送人、陆运承揽运送人等；英文则采用国际通行的用法，即 Freight Forwarder。

在货运代理人角色定位及责任方面，《示范法》第二部分将货运代理的责任分为"非当事人责任"和"当事人责任"两类，其中"当事人责任"又分为"承运人责任"和"其他服务的当事人责任"两类。这里最重要也最易产生纠纷的就是区分货运代理人"当事人"和"非当事人"地位，两种不同的地位对应两种不同的责任基础：对于"非当事人责任"而言，货运代理人责任仅限于"恪尽职守"，履行"谨慎义务"；对于"当事人责任"而言，货运代理人承担的是严格的承运人责任或其他服务的合同当事人责任。在中国四法域中，如前文分析，大陆法域将货运代理人角色分为代理人及独立经营人两种；香港法域主要区分货运代理人是否具有独立当事人地位；在台湾及澳门法域，货运代理人的责任分为特殊的行纪责任和承运人责任两种类型。从表面上看，四法域间代理及行纪制度差异显著、难以调和，但就货运代理制度而言，这种差异所带来的矛盾并非无法化解：无论是代理人或是行纪人，就责任承担而言，共性在于都不会为第三人所应负之合同义务负责。行纪和代理的区别在货运代理制度中制造的最大差异在于委托人及第三人是否享有直诉权：由于行纪与代理的法律行为结果转移给委托人的方式不同，行纪人为委托人利益为法律行为，其行为结果直接归属于行纪人，间接归属于委托人，代理人的行为结果直接归属于本人。这就造成了代理人的委托人和第三人可越过代理人直接向对方提出诉讼请求，而行纪人的委托人只能通过行纪合同向行纪人请求履行，行纪人再向其合同相对人追索。在起草示范法时，应避免使用代理人责任或行纪人责任等提法，可以考虑将承揽运送人责任区别为承揽运送人之承揽责任、承揽运送人之运送责任分别予以规定。对于承揽运送人之运送责任可参《示范法》关于"货运代理人作为承运人责任"部分的规定以及世界通用的海运公约，如《海牙维斯比规则》等关于承运人责任方面的规定。"承揽运送人之承揽责任部分"则可突出"谨慎义务"以及"不对独立第三方责任负责"的部分，将是否有直诉权留给各法域做另行规定。

在承运人身份认定方面，各地标准有统一趋势。首先，四法域均不支持依赖某单独标准判断货运代理人是否应承担承运人责任，而应综合考虑合同具体约定、报酬取得方式、惯常交易习惯及合同实际履行情况进行判定。其次，对于具体的判断标准，各法域各有侧重：①是否以自己名义签署提单或其他运输单据，在大陆法域是作为判断货运代理人是否承担承运人责任的重要依据。根据最高人民法院司法解释，只要货运代理人以自己名义签署提单，委托人即有权利要求其承担承运人责任，而这一判断标准在台湾法域也有体现。②是否以自有工具或他人工具实际履行运输，在台湾及澳门法域均作为判断承运人身份的标准。③是否向委托人收取一揽子费用而非佣金，在香港及台湾法域是作为判断承运人身份的重要标准。《示范法》第7.1条中规定了货运代理人承担承运人责任的两条标准，其一为是否以自有工具进行运输，其二为是否以自己名义签发运输单据。对于第二条标准，《示范法》有但书规定，即如果委托人既持有货运代理人签发的运输单据，又持有第三人签发的运输单据，在合理时间内未要求货运代理人承担承运人责任，货运代理人即无需承担承运人责任。结合各法域的规定及《示范法》，将报酬取得方式、是否以自有工具从事实际运输以及是否以自己名义签发运输单据作为判断承运人身份的主要标准，应能被四法域普遍接受；但在以自己名义签发单据作为判断标准时，不能规定得过于绝对，而要综合考虑委托人与货运代理人的具体合同约定予以判断。

（三）通过各地货运代理协会标准条款的更新，逐步推进"示范法"的适用

作为货运代理行业的格式合同，货运代理协会制定的标准交易条件应用极为广泛。2002年中国国际货运代理协会制定并颁布的《标准交易条件》和香港货运物流业协会颁布的1997年版《香港货运物流业协会标准条款》（HAFFASTC）均明确而详细地约定了货运代理企业与客户间的权利义务关系以及纠纷解决处理办法等，大大节省了商业交易成本，也是法院或仲裁机构处理纠纷时所倚赖的重要依据。由于"示范法"并不具有在各法域强制适用的法律效力，只能通过各地立法机构在其基础上制定相同或类似的实体法才能达到最终的法律统一。而各法域的立法过程程序繁杂，并不能在短期内制定并颁布出内容一致的实体法。为了促进实体法的统一，可先由各地货运代理协会在各法域的法律框架内，结合"示范法"的规定修改完善本协会标准交易条件，逐步推进"示范法"在各法域的适用，为实体法的颁布奠定良好的基础，从而达到最终的实体法统一。

七、结　语

随着中国大陆和港、澳、台地区经贸关系的进一步加深，区域经济一体化模式成为中国经济未来发展的必然选择，在此过程中法制环境的协调是其不可或缺的支持。目前中国大陆市场已向港、澳地区货运代理服务提供者全面开放，海峡两岸"三通"也开辟了台湾地区货运代理服务提供者进入中国大陆市场的通道。一方面，全面而准确地把握四法域不同的货运代理制度对货代服务提供者来说至关重要；另一方面，统一协调四法域间的货运代理制度也是促进货代行业发展、提升整体行业竞争力的必由之路。"示范法"开放性、灵活性、补充性的特点与货运代理制度技术性强、国际化程度高等特点相契合，是推进四法域货运代理制度一体化的最佳选择，但统一"示范法"的制定与出台还需四法域政府、行业协会、法律专家的充分协商、研讨，并经过长期渐进过程，最终方有实现可能。

参考文献

[1] 郭萍. 国际货运代理法律制度研究 [M]. 北京：法律出版社，2007：69.
[2] 徐海燕. 英美代理法研究 [M]. 北京：法律出版社，2000：150.
[3] 韩德培. 论我国的区际法律冲突问题 [J]. 中国法学，1988（6）：3-8.

[4] 沈晓明. 海峡两岸"三通"后产生的海事法律冲突及其解决途径 [J]. 上海海运学院学报, 1994 (4): 64-70.

[5] 关红玲. 区域经济一体化中粤港服务业合作的现状与障碍 [M] //陈广汉, 黎熙元. 当代港澳研究: 第2辑. 广州: 中山大学出版社, 2010: 102-111.

[6] 慕亚平. 粤港澳紧密合作的法律依据及相关法律问题思考 [M] //陈广汉, 黎熙元. 当代港澳研究: 第2辑. 广州: 中山大学出版社, 2010: 120-126.

作者单位: 澳门大学法学院国际法博士研究生

香港特区政治体制模式的特征分析

许 昌

摘 要：本文从决定香港特区政治体制的宪政原理出发，论证《香港基本法》对香港政治体制的制度设计规范体系，指出国家授权前提下香港特区作为地方行政区域在行政、立法、司法方面的"高度自治"并非完整独立的体系，均受到中央权力的节制和规限，三权之上有第四权即中央的管辖权。并据此推导出在没有明晰前提下不宜简单借用"三权分立"概念来描述香港特区政治体制模式特征的结论。

关键词：香港特区；政治体制；三权分立；《香港基本法》；授权

香港特区政治体制的模式特征能否用"三权分立"来概括，是个老生常谈的话题；这个话题在《香港基本法》颁布22年、实施15年后仍存在争论，本身更是个值得深思的问题。笔者希望能删繁就简，从《香港基本法》制度设计本身来研究和思考其内在的法理基础，以期更准确、更接近本质地阐述其核心理据。

一、对《香港基本法》确立香港特区政治体制所依据原则的文献考察

《香港基本法》是全国人大依据宪法制定的国家基本法律，其条文表述中并无有关"三权分立"的字眼，也无后来学者们所概括的"行政主导体制"的说法。但这并不是说，《香港基本法》的起草者和制定者们对香港政治体制的制度设计没有确定的指导原则和政策主张，对此我们可以从一系列历史文献中得到印证。

有关设计香港特区政治体制原则的表述，最早见诸1986年11月8日香港特区基本法起草委员会政治体制专题小组向起草委员会所做的工作报告。该报告总结了该专题小组自成立以来举行4次小组会而形成的共识和需要进一步研究的问题。这其中与本论题直接相关的内容载于第二、第九两个部分。前者以"关于香港特别行政区政治体制的基本模式"为题，指出："委员们认为，在'一国两制'的原则下，香港特别行政区的政治体制原则上采用'三权分立'的模式，虽然有的委员主张三权分立、行政主导，有的委员主张三权分立、立法主导，但对于司法独立，行政机关和立法机关既互相制衡、又互相配合的原则，小组会上没有人提出异议。"后者以"关于行政机关与立法机关的关系"为题，指出："委员们同意原则上采用'三权分立'的模式，使行政机关和立法机关既互相制衡又互相配合；还同意行政长官有权签署并公布

法律。"① 上述文字在许多时候被主张以"三权分立"概括香港特区政治体制的论者引为根据。但客观地看这段文字的整体内容,可知起草者共识中尚包含着许多被后来争议者引申为对立立场的内容,在肯定"三权分立"的同时,也提出了"行政主导"的概念,甚至提出了"行政机关和立法机关既互相制衡又互相配合"的提法;但无论怎样,它客观忠实地反映出起草者在起草最初阶段对相关问题的认识。

随即,邓小平在1987年4月16日接见香港特别行政区基本法起草委员会委员时专门指出:"过去我曾经讲过,基本法不宜太细。香港的制度也不能完全西化,不能照搬西方的一套。……现在如果完全照搬,比如搞三权分立,搞英美的议会制度,并以此来判断是否民主,恐怕不适宜。对这个问题,请大家坐到一块深思熟虑地想一下。……西方的民主就是三权分立,多党竞选,等等。我们并不反对西方国家这样搞,但是我们中国大陆不搞多党竞选,不搞三权分立、两院制。"② 必须指出的是,邓小平在这里不仅明确要求内地不搞"三权分立",而且直接提出香港也不适宜搞"三权分立"。

这之后,无论是基本法起草委员会及其政治体制专题小组,均未曾再就香港政治体制的模式特征等抽象原则问题展开争论,而集中于处理具体制度设计中出现的各类问题。据笔者综合考察,解决相关具体制度的设计取向很大程度上并非遵循三权分立、立法主导的模式,而是逐步强化在权力分置基础上行政长官的主导地位。这主要表现在下列重要制度上:一是确立行政长官双重权力性质和双重负责体制。行政长官既是香港特区的首长,又是香港特区政府的首长;既是香港当地选举或协商产生的候任人选,又必须经过中央政府的实质性任命;既代表香港特区向中央政府负责,又代表香港特区政府向香港特区负责,还要执行中央政府就基本法规定的有关事务发出的指令(见《香港基本法》第43条、第45条、第48条)。这说明行政长官在中央和香港特区的关系中和在香港政治体制中都具有独特的重要地位和权限功能。二是明确行政长官具有特定领域立法的提案许可权、立法签署和公布权、将法案发回重审权、解散立法会权、人事管理上无须立法会审议的直接任免权力和负责执行基本法的权力等(见《香港基本法》第48条、第49条、第50条)。这对于形成和巩固以行政长官为核心的管治体制有重要意义,也是保留香港原有体制中行之有效部分的具体体现。三是专门就香港行政机关向立法机关负责的含义做出界定,明确仅包括执行生效法律、做施政报告和答复议员质询、征税和公共开支须经立法会批准这4项内容,但同时规定立法会法定职权和依法强迫行政长官辞职和弹劾行政长官的制度,以体现立法会对行政长官的监督(见《香港基本法》第52条、第64条、第72条)。四是专门规定了行政会议制度,作为实行首长负责制体制下向行政长官提供决策协助的机

---

① 《政治体制专题小组的工作报告(一九八六年十一月八日)》,全国人大常委会香港基本法委员会办公室编:《中华人民共和国香港特别行政区基本法起草委员会文件汇编》,中国民主与法制出版社2011年版,第61页、第63页。

② 《邓小平会见香港特别行政区基本法起草委员会委员时的讲话》,《邓小平文选》(第三卷),人民出版社1993年版,第220页。

构，由行政长官自行从政府主要官员、立法会议员和社会人士中任命行政会议成员，形成重大决策协商合议的渠道和平台，以利于行政长官依法、科学、民主的决策（见《香港基本法》第 54 条、第 55 条、第 56 条）。此外，还有其他许多条文，都体现了行政长官作为特区首长法定施展政策主导、权力主导的地位和功能，在此不再一一枚举。上述内容说明，《香港基本法》政治体制的最终制度设计，体现和贯彻了权力分置前提下以行政长官居于权力主导地位的思路，不宜简单地用"三权分立"的定式去概括其特征。

正因为如此，《香港基本法》起草委员会主任姬鹏飞在 1989 年 2 月 15 日向全国人大常委会做提请审议基本法草案的说明时，用这样的文字来阐述《香港基本法》有关香港特区政治体制的设计原则："根据'一个国家，两种制度'的总方针，香港特别行政区政治体制的设计，既不能照搬内地，也不能照搬外国，而必须从香港的法律地位和香港的实际情况出发。既要有利于香港的稳定和繁荣，促进资本主义经济的发展；又要兼顾社会各阶层的利益，为大多数人所接受。要保持香港现有政治体制中行之有效的部分，又要循序渐进地逐步发展适合香港情况的民主制度。香港特别行政区行政机关、立法机关和司法机关之间的关系，应该是行政机关和立法机关既互相制衡又互相配合；司法机关和检察部门则独立进行工作，不受任何干涉。为了保持行政效率，香港特别行政区行政长官要有实权，同时又应受到监督。"通篇不再提及"三权分立"字眼，而突出强调行政与立法互相制衡和配合，行政长官要有实权。这是符合香港特区政治体制的本质特征的。

上述《香港基本法》起草期间的原始文献和制定法文本的内容充分说明，《香港基本法》对香港特区政治体制的制度设计原则的表述乃至理解，在起草过程中确实有不断递进和逐渐明晰的路向轨迹。最终的结果并非彰显"三权分立"模式，却重点强调不照搬内地和外国体制、注重行政主导和行政与立法互相制衡和配合的模式，这是不容否认的。

二、对《香港基本法》确立的香港特区政治体制的法理逻辑的分析研究

《香港基本法》是国家最高权力机关制定的旨在确立香港特区适用制度的国家基本法律。它在确认国家对香港行使主权和授权香港特区实行高度自治的同时，也以法律方式确立香港特区实行的各项根本制度。香港特区政治体制是《香港基本法》所规范的重要领域之一，理所当然构成香港特区制度的有机组成部分，并进而归属于中国地方管理体制的特殊组成部分。

理解了这一点，我们才可以切实从香港特区的法律地位、从中央和香港特区的关系的角度，正确地分析和判断香港特区政治体制的模式特征：

第一，香港特区是国家在认为"必要时"创设的，其所实行的制度是由全国人

大通过制定《香港基本法》加以法律规制的。《香港基本法》明确香港特区是"中华人民共和国的一个享有高度自治权的地方行政区域，直辖于中央人民政府"（见《香港基本法》第12条），由全国人大授权香港特区依据《香港基本法》的规定"实行高度自治，享有行政管理权、立法权、独立的司法权和终审权"（见《香港基本法》第2条）。上述规定从根本上说明，香港特区是在中国统一行使国家主权的前提下，由国家中央权力机构根据管治的实际需要，自上而下划定地方行政区划、确定地方行政区域的性质并规定地方管理权限，这明显保持着中国传统单一制的国家结构形式。据此，香港特区本身不具备自我创设或独立设计政治体制的权力，也不存在所谓原有政治体制"不变"或保留的问题（原来的总督制治理模式也当然不能在"港人治港"的情势下继续存在）。那种声称由于香港"保持原有的资本主义制度和生活方式"而主张"三权分立"政治体制模式的说法，显然是没有根据的。

第二，《香港基本法》的核心内容是国家通过立法方式实现对香港特区"高度自治"的授权。从授权的范围看，"中央授予香港特别行政区多少权，特别行政区就有多少权，没有明确的，根据基本法第二十条的规定，中央还可以授予，不存在所谓的'剩余权力'问题"[1]。从授权的性质看，授权是国家将对香港恢复行使主权中的地方管理职能赋予香港特区"高度自治"的单方处置行为，授权者的主权管辖地位并不因授权而丧失或让渡予香港特区，香港特区并不因授权而取得独立政治实体地位，必须严格按照《香港基本法》规定的授权范围和授权条件行使高度自治权。从授权的后果看，授权进一步确立和巩固了国家对香港特区的特殊管治体系，产生出对内对外的法律关系：一方面，在中央和香港特区间建立起管辖和被管辖、监督和被监督的关系，香港特区行政长官既要向中央政府负责，又要向香港特区负责；另一方面，香港特区获得授权在适当领域内以"中国香港"名义对外开展国际交往，在取得相对方承认的前提下单独或连带地与国家承担分别的或共同的国际责任。在《香港基本法》规定的中央和香港特区关系中，中央仍然具有管辖包括香港特区在内国家领土范围内所有人和事的主权性管辖权，但是在制定《香港基本法》的同时，公开且郑重地附随做出"中央不干预特别行政区高度自治范围内的事务"的政治承诺，显示了主权者的自我克制和谦抑。但在中央直接行使管辖权和授予特区高度自治权的界定问题上，《香港基本法》通过大量的具体规定做出原则性的指引和调整。在具体实践中，尽管存在着香港人争取多些自治空间的拉扯，但最终的话事权通过"基本法解释权属于全国人大常委会"制度仍牢牢掌握在中央权力机构手中；《香港基本法》甚至规定了国家在判断香港特区发生其自身"政府不能控制的危及国家统一或安全的动乱"时，由全国人大常委会决定宣布其"进入紧急状态"并由中央政府发布命令对其实施全国性法律（见《香港基本法》第18条第4款）的特殊控制手段，作为应对危机情况的法定干预措施。这些法理依据清晰地表明，香港特区政治体制内部存在着纵横

---

[1] 吴邦国：《深入实施香港特别行政区基本法　把"一国两制"伟大实践推向前进》，全国人大常委会香港基本法委员会办公室编：《纪念香港基本法实施十周年文集》，中国民主法制出版社2007年版，第6页。

双向维度的关系：就横向而言，是有关香港特区行政长官、特区政府、立法会和法院等权力机关设置、职权划分、运作程序及其相互关系的制度；就纵向而言，是中央对香港特区各管治机关授权和监督的关系。二者交织混合，构成香港特区的政治体制的核心内容。

第三，《香港基本法》确立了香港特区政治体制的核心制度。这包括：一是香港特区权力架构中包括行政长官、特区政府、立法会和法院等不同机构，以权力分置为法定前提，这是香港特区政治体制的首要基础。二是在香港特区高度自治事务范围内，上述机关各司其职、各负其责，行政长官享有代表香港特区并主导重大政策决定权，行政机关和立法机关既互相制衡又互相配合，司法独立。但这都是在"高度自治"的框架内，并非英国人曾经希望的"充分自治"或"完全自治"，因为香港特区行政、立法和司法三权并非如同国家般完全自主形成和建立自我衡平的绝对独立的系统，其上仍有中央的权力。三是《香港基本法》就中央如何规制特区的三权形成和运作做了一系列具体规定：

就中央规制香港特区行政权构建和运作而言，其一，中央根据香港当地选举或协商的结果，实质性任命行政长官，即便是未来香港特区能实现双普选，中央迄今也未有表露放弃此重要权力的打算，因其对于维护国家对香港的管治作用非常重要；其二，中央根据行政长官的提名，任命香港特区政府主要官员等，并相应免除他们的职务；其三，香港特区任何机构依法不享有罢免行政长官的权力，当行政长官违法或渎职时，只能由立法会依法定程序报请中央政府弹劾行政长官；其四，行政长官有权限执行中央政府就《香港基本法》规定的有关事务发出的指令并代表香港特区政府处理中央授权的对外事务和其他事务，并相应负有执行的义务（见《香港基本法》第16条、第45条、第48条和第73条）。

就中央监督香港特区立法事务而言，香港特区获授权而享有高度自治的立法权，但香港特区立法会所制定的法律须报全国人大常委会备案。备案并非简单的归档保存，全国人大常委会有权对之展开审查，在履行法定程序后如认为相关法律不符合《香港基本法》关于中央管理的事务及中央与香港特区关系的条款，可将相关法律不做修改地发回使之无效（见《香港基本法》第17条）。全国人大常委会行使的此项对香港特区法律的审查和处置权，虽然未曾在现实中有过发回实例，但对于确立由中央机构行使职权去发现和处置特定范围内所发生的违反《香港基本法》立法行为的制度，有重要意义。

就对香港特区法院司法审判权的限制而言，确立了对香港特区法院管辖权的限制原则。根据《香港基本法》相关条文，香港特区法院享有独立的司法权和终审权，任何案件经过香港法院的法定审理程序之后，无须全国性法院乃至最高人民法院给予审判监督。但香港法院，无论是地方法院还是高等法院，乃至特区终审法院，本质上都是中国的地方法院，都无权审理以国家机构名义做出的国防、外交等国家行为，对这些行为无管辖权，这是国际通例（尽管各国的相关制度涵盖的内容有多少的差别，称谓也有所不同）。故此，《香港基本法》明确香港法院"除继续香港原有法律制度和原则对法院审判权所作的限制外",对香港特区"所有的案件均有审判权",同时,"对国防、外交等国家行为无管辖权",并进而规定了涉及国防、外交等国家行为的事实问题的处理程序(见《香港基本法》第19条)。在《香港基本法》实施过程中,已经陆续就此形成一系列有实质意义的宪政前例。一是针对香港特区终审法院1999年1月29日对吴嘉玲案件判决所提出的,香港法院声称拥有可审查并宣布全国人大及其常委会的立法行为无效的所谓"宪法性管辖权",中央有关机构和相关法律专家及社会各界给予了驳斥,迫使香港终审法院法官联名发表了解释性声明,并在同年2月26日判词中表示:"法院执行和解释基本法的权力来自基本法并受基本法的条文所拘束。""如果全国人大常委会对基本法做出解释时,特区法院必须要以此为依归",全国人大及其常委会依据《香港基本法》行使任何权力,是不容置疑的。[①] 相关文件至少在表面上承认了国家主权机构立法行为在香港特区法院内不容置疑的地位。二是全国人大常委会2011年8月26日针对香港终审法院提请就刚果(金)案所作的解释,明确国家豁免问题属于国防、外交等国家行为,只有中央政府有权决定在香港特区适用的国家豁免规则或政策;香港特区法院对中央政府决定国家豁免规则或政策的行为无管辖权,因此在审理案件时遇有外国国家及其财产管辖豁免和执行豁免问题,须适用和实施中央政府决定适用于香港特区的国家豁免规则或政策,有责任不得偏离上述规则或政策,也不得采取与上述规则或政策不同的规则。[②] 这事实上再度确立了国家主权机构所为的国家行为不受香港特区法院司法管辖,并进而明确对香港法院在处理相关问题上具有拘束力的规则。

由此可见,香港特区政治体制的权力配置和规制关系中,有其内部在高度自治范围内互相制衡、互相配合来达致衡平效果的一面,但也无法摆脱中央参与甚至决定性影响的另一面。这是作为地方自治权力架构中正常的现象,也是《香港基本法》所确认和体现的制度设计目标,所谓政治体制要符合香港特区的法定地位,强调的就是这样一种公理逻辑。

三、从什么意义上评断香港特区政治体制的模式特征不是"三权分立"

围绕香港特区政治体制的模式特征是否属于"三权分立",产生对立观点的原因之一是对"三权分立"概念本身有不同的理解。毋庸讳言,"三权分立"在其政治学

---

① 参见《人民日报》1999年2月8日报道《内地法律界人士就香港特别行政区终审法院的有关判决发表意见》和1999年2月27日报道《全国人大常委会法工委发言人就2月26日香港特别行政区终审法院的有关判词发表谈话》。

② 参见《全国人民代表大会常务委员会关于〈中华人民共和国香港特别行政区基本法〉第十三条第一款和第十九条的解释》,http://wenku.baidu.com/view/d2f6947e27284b73f24250e6.html(检索日期:2012年9月20日)。

说确立的过程中，凝聚着两千年来特别是近代经典思想家的形形色色的理论和思想成果，这其中必然也包含着相互冲突的理念和原则；在付诸社会实践的制度设计和构建的过程中，更因应世界各国的不同国情，衍化为不同的政治体制形态和结构。正因为如此，有的人以达到行政、立法和司法三权完全分立、均势制衡的美国式典型形态来比对，认为香港政制不属严格意义上的"三权分立"①；也有人认定"三权分立"并不意味着三权一定要完全独立，三者只要能独立行使一定的权力并形成互动机制即可认为符合"三权分立"的基本性质②。在基础范畴上即存在如此巨大的认知差异，出现"失之毫厘，谬以千里"的对立论证结果，也就毫不奇怪了。

笔者不拟就此展开详尽回溯，但自身立论亦必须建立于严谨界定的概念范畴之上，因而不可避免地首先就本文立论中所涉及的"三权分立"范畴做出界定。笔者认为：权力分立并通过权力制衡以实现一个政制系统的完整存在，才是"三权分立"的真谛。分权和制衡二者统一构成政制模式的两大特征，但分权和制衡都必须在完整独立的权力形成机制和运行机制之下。"三权分立"的核心基础是没有凌驾于三权之上的第四权存在，故而它是描述主权国家政制形态的恰当概念；脱离了主权国家范畴来描述其他范畴，只能是有前提条件的概念借用。而正是在这个意义上，笔者认为，中央主权管治下的地方政权，尽管可能如香港特区般因获得授权而具有较高程度的地方自治权，但其自治权内部不能自行解决所有权力分立和制衡的问题，在地方行政、立法和司法权上面存在着中央的授权者乃至监督和控制者，三权之上还有中央的权力，这样的政制模式不宜简单地归类为"三权分立"体制。而能否不设前提地借用"三权分立"概念来描述地方权力，则须具体分析讨论范畴的话语环境，以避免误解。

笔者注意到，有学界同仁胡锦光、朱世海两教授早在三年前发表文章，认为香港特区政体符合分权和制衡两项要求，故属于"三权分立"范畴；又因在司法独立的情况下，行政长官为首的政府权力相对于立法会权力处于优势地位而带有行政主导的特征；三权分立是相对于民主集中而言，行政主导是相对于立法主导而言，两者同时兼具于香港特区政治体制中；全面概括香港特区政体的特征，应是"三权分立"基础上的行政主导制。③ 他们的主张具有一定的建设性，而且巧合的恰是符合基本法起草委员会政治体制专题小组1986年报告的思路。同时笔者还注意到，他们专门指出："香港作为中华人民共和国的一个省级行政区域，其实行的是'主权在中央'前提下的三权分立体制"，作为非独立政治实体，其行政长官及主要官员皆由中央任命，从而正确地发现地方政治体制中主导权不完全在自身的奥妙，但又简单地声称可以

---

① 参见张晓明：《为什么说澳门不是实行"三权分立"的政治体制？》，《一国两制研究》第10期，澳门理工学院一国两制研究中心2011年版，第3页。

② 参见邵善波：《基本法下行政与立法关系》，中央人民政府驻香港特别行政区联络办公室编：《关于"一国两制"和香港问题的理论文集》，2007年，第214页。

③ 参见胡锦光、朱世海：《"三权分立"抑或"行政主导"——论香港特别行政区整体的特征》，《河南省政法管理干部学院学报》2010年第2期，第38～42页。

"撇开此因素"做研究，故而与现实的恰当结合擦肩而过。遗憾的是，他们苦心孤诣的折中论述，并未取得那些声称香港特区体制完全是"三权分立"者的认同和理解，后者仍旧坚持"三权分立"和"行政主导"的对立和矛盾。这又可以归结到双方的话语系统有所不同。

事实上，目前在香港特区，无论是某些政府官员还是法官、议员，无论是学界朋友还是街头示威的民众，绝大多数会众口一词认定香港政治体制模式的特征是"三权分立"，而完全否定"行政主导"之说。这些结论的得出，很大程度上是因为他们想当然地认定"港人治港"下的"高度自治"是"完全自治"、"充分自治"，凡事皆在香港本地自行解决，某种程度上排斥中央的主权管辖地位；其极端者把地方自治权与国家主权切割、对立开来，声称全国人大常委会释法侵犯了特区的高度自治权，甚至要求"两制"互相隔绝封闭。造成这样的集体认知，有意识形态尖锐对立和经济利益互相博弈的原因，也有政策宣传上片面极端导致的虚幻感觉。显而易见的是，借用过多描述国家形态的概念范畴，不加修饰限定地用于解释"一国两制"特殊安排下的地方行政区域的独有问题，从而导致误解，也是形成现状的重要因素之一。故此，倘若不分时间、地点和使用前提，简单化地以"三权分立"来描述香港特区政治体制的模式特征，往往未蒙其利，先受其害，容易在某些话语系统里掉入特定的陷阱而引发误解。笔者建议对此采取非常慎重的态度。

对此，笔者主张在描述香港特区政治体制的模式特征时，应稍微多说几个关键词，尽量把个中要义说完整。笔者的建议是，香港特区政治体制的模式特征可以表述为：符合香港特区在"一国两制"前提下获中央授权"高度自治"的性质，在权力分置的基础上实行以行政为主导、行政机关与立法机关既互相制衡又互相配合、司法独立的地方权力架构。

作者单位：澳门理工学院一国两制研究中心

事件研究法对香港股市效率的分析

杨 柱

摘 要：本文通过事件研究法，采用30只恒生股指成分股的年度财务报表公告作为事件，考察香港股市对于事件的反应，即相关公司的股价和异常回报的变动，来研究香港股市是否达到半强式有效。结果显示，没有证据表明香港股市已经达到半强式有效。

关键词：事件研究；香港股市；有效市场

一、引言及文献综述

有效市场假说（efficient market hypothesis，EMH）是现代金融市场的理论基础之一，由Fama于1970年提出。其基本内容是：在一个有效的证券市场中，证券价格反映了所有可得的信息。根据这一假说，所有已知的信息都会被投资者迅速利用并反映在股票价格中。其要点在于（董志勇，康占平，2006）：①市场中的参与者都是理性的，他们遵循一定的方法来分析、判断证券应有的价格；②即使有一部分是非理性的参与者，但只要他们的非理性行为是随机的，平均而言，他们的非理性交易对股票价格的影响会相互抵消，从而对证券价格不会产生大的影响；③即使非理性参与者的交易行为不是随机的而是关联的，但只要理性的套利者的存在，在不断且迅速套利的作用下，非理性参与者的交易行为对股票价格的影响也会逐渐被消除。

可以看出，有效市场假说反映了股市的以下特点：①股票价格的变动是"信息驱动型"。即股票价格的变动和信息的流动有关，理想状态下，只有新的信息会对股票价格产生系统性影响；但在现实中，就算是极端情形下，股票价格也会受到各种信息传播和流动的影响。②股市上存在着不同类型的交易者，他们对于信息的获得、理解、信任和利用的程度不尽相同，共同决定着股票价格。有效市场假说实际上假设了理性的参与者和套利者在股票市场中起到决定性的作用。在股市的参与者类型方面，一种有用的分类方法就是根据他们与市场信息的关系来划分。美国斯坦福大学吉尔森教授和耶鲁大学克拉克曼教授据此将投资者分为四类：靠大众性公开信息交易者、靠专业性公开信息交易者、靠派生信息交易者、无信息交易者（石春茂、王永，2006）。其中，专业性公开信息对应着各种专业的机构投资者，他们对大众性公开信息有更加深入的挖掘和理解；派生信息对应着内幕信息交易者；无信息交易者可当成股市中的噪声，他们并非真正的无信息，而是根据各种并非可靠的信息来源如道听途说等，做出对于股票的预期。

有效市场假说分为三个层次：①弱式有效假说，即股票价格充分反映过去所有历史信息，无法通过股票过去的价格来预测未来的价格，则股票价格的技术分析失去作用；②半强式有效假说，即股票价格不仅反映历史信息，而且充分反映当前所有公开可得的信息，包括当前股票的价格、成交量以及股票发行公司的财务状况、各方面决策、管理状况等，股票价格应该迅速对新信息做出反应，则对股票进行基本面分析也失去了作用；③强式有效假说，即股票价格不仅反映公开可得的信息，连未公开的信息也包含在股票价格内，此时内幕消息也没有办法帮助投资者获取超额利润，Fama认为这一假说仅仅是一种理想状态。

对应于三个层次的有效市场假说，分别有不同的计量方法进行检验：对弱式有效市场假说，可以通过游程检验、时间序列平稳性检验、串检验等进行研究；对半强式有效市场假说，可以通过事件研究法来进行检验；对强式有效市场假说，通常以间接的方式进行检验，即通过研究可能拥有内部消息的人士和专业机构是否能够持续获得超额收益来进行检验。

尽管随着中国加入世界贸易组织、金融市场的逐步开放与自由化、人民币国际化的不断推进，香港股市对于内地企业的上市吸引力正在不断下降，上海股市的总市值也已经超过香港股市，但是作为亚洲重要的国际金融中心，香港的金融市场在世界范围内仍然具有举足轻重的地位，对香港股市效率的研究也一直在进行。其中，周爱民和张友兰（2001）通过对上海、深圳、香港三地股市的对比研究，指出这三者从整体上讲均未达到弱式有效；张月飞等（2006）结合内地股市和香港股市的研究认为，香港股市已达到半强式有效，市场对于新信息的反应迅速且有效；张敏等（2007）认为在2005年以前，香港股市在弱式有效假说上的表现较差；王若凡（2009）在对比了上海、香港和澳大利亚股市的表现后，得出后两者均能通过弱式有效的检验的结论；李国俊和李霞（2010）则认为从1996年底开始香港股市已经进入弱式有效，并且正在向半强式有效过渡。

总的来说，大部分学者认为当前香港股市已经达到弱式有效，并且正在向半强式有效迈进。对于半强式有效市场的检验一般采用事件研究法，即研究特定事件的信息发布对于公司股票价格以及股票的超额收益的影响，从中分析市场对于新信息的反应。本文将采用事件研究法对香港股市的市场效率进行实证研究。

二、事件研究法

事件研究法（event study）是一种计量研究方法，它研究的是在某一特定事件发生前后，公司股票价格是否会产生波动以及是否会有异常回报（abnormal returns）。研究的事件可以是来自企业外部的事件，如利率变动、汇率变动、特定的有利或不利的外部突发事件或消息的冲击等，也可以是企业内部的事件，如财务信息披露、企业做出的重大决策、企业之间的股权转移与并购、管理层的变动等。它既可以用来研究某些特定事件和企业股票价格之间的联系，如利率变动对股票价格的冲击、市场对于企业负面信息的反应、企业并购或者管理层变动对股票价格的影响等；也可以通过考察事件信息发布前后股票价格的变化速度和幅度、异常回报的存在程度，对股市的效率进行评估。一般地，假设投资者是理性的，则投资者对于新信息的反应迅速且有效（即做出"正确"的反应），并且不会持续地获得超额收益（即无持续的异常回报）被认为是市场效率的标志。

一般而言，事件研究包括六大步骤，即定义事件和事件窗口、选择研究样本、选择度量正常收益的模型、估计异常收益、检验异常收益的显著性、实证结果与解释（袁显平、柯大钢，2006）。下面将介绍各个步骤及实证过程。

（一）定义事件和事件窗口

事件研究法的首要步骤是定义要研究的事件以及事件窗口，事件的种类如上文所述，事件窗口则为我们所要研究的股票价格变化的时间范围。例如，假如我们要研究利率变动对股票价格的影响，则利率变动当天股票价格的变动毫无疑问将包含进事件窗里，则这一天被称为事件日。在实际应用中，通常不会将事件日仅限定为一日，至少事件当日和第二日会被指定为事件日。这是因为在有些情况下事件发生的信息宣告在当日股市闭市之后，则事件对于股票价格的影响至少要到第二日才能显示出来。一般地，除了事件日以外，我们感兴趣的还包括事件发生前后各一段时间的股票价格波动，因为这些波动很可能是由该事件引起的或者与之相关的，这和现实中信息在发布之前就可能被市场获得以及市场对已经发布的信息的反应可能会有一段滞后期有关。因此，事件日前后各一段时间（通常为10天或20天）被包含进事件窗（event window）内。

此外，为了得到预期的股票正常回报，还需要一段时间作为估计窗（estimation window），通过模型拟合来得到估计的正常回报的模型参数。估计窗的长度不能太短，否则会有较大的样本选择偏误，在以股票的每日价格数据作为研究对象时估计窗的长度最好大于120日；估计窗的长度也不宜过长，因为在长期内股票的模型参数可能发生缓慢变化，影响拟合的效果。有时候，为了研究事件对于股票收益的长期影响，还会加入一段时间的事后窗（post-event window），也有学者将事后窗也加进估计窗内拟合正常回报。估计窗和事件窗在典型的应用中不会有重合，这是为了避免事件窗内股票价格的异常变动影响拟合的效果。事件研究法中的时间窗如图1所示。

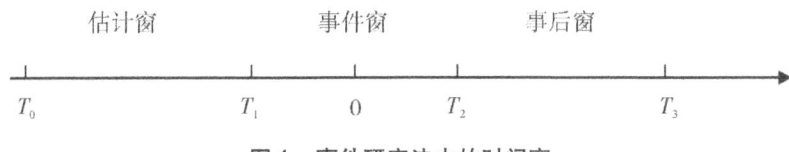

图1　事件研究法中的时间窗

资料来源：袁显平、柯大钢（2006）。

在图1中，$t=0$为事件日，(T_0, T_1)为估计窗，(T_1, T_2)为事件窗，(T_2, T_3)为事后窗，则估计期的长度为$L_1 = T_1 - T_0$，事件窗长度为$L_2 = T_2 - T_1$，事后窗长度为$L_3 = T_3 - T_2$。

（二）样本及数据的选取

样本的选择关系到事件研究结果的可靠性，应该选择哪些公司的股票价格作为研究样本往往和待研究的事件有关，某些事件只涉及特定行业，而某些事件可能仅仅涉及特定的公司或者是某些公司特有的事件。因此，应该事先确定样本选择的标准，如数据的可得性、行业范围等。

事件研究法中还存在一个数据间隔选择的问题。从理论上说，从年度到每日的股票价格数据均可以根据需要作为研究用数据，而随着金融市场交易系统的完善，甚至连股票价格的小时和分钟数据也可以获得。但是不同的数据对于研究的可靠性的作用是不同的。MacKinlay（1997）指出，随着数据间隔的加大，事件研究法的检验的可靠性降低，在月度、每周、每日数据的检验的对比中，用每日数据进行检验的势（power）最大，每周数据次之，月度数据最小；但是还没有证据证明使用更加小的时间间隔，如小时或分钟数据能比使用每日数据的效果更好。此外，Bernard（1987）认为，当时间间隔加大，股票之间的价格存在截面相关时会给推断带来严重的偏差，影响检验的可靠性，一般而言使用每日数据这种偏差较小。因此，当前的研究中采用每日股票价格数据的居多。

（三）选取估计正常回报的模型

最简单的估计正常回报的模型是常数均值收益模型（constant mean return model），即使用估计期内标的股票的平均回报来拟合事件窗内的预期正常回报。其模型表达式为：

$$R_{it} = \mu_i + \varepsilon_{it}, \quad E(\varepsilon_{it}) = 0, \quad var(\varepsilon_{it}) = \sigma^2 。$$

式中：R_{it}是第i只股票在t期的收益；μ_i为待估计参数，等于估计期内股票i的回报率的均值；ε_{it}是扰动项；σ表示标准差。均值模型虽然形式非常简单，但是其结果和其他更加复杂的模型相比相差并不大。

市场模型（market model）是对常数均值收益模型的改进，它基于一个假设，即某只股票的收益和市场的收益存在某种相关性，通过估计期数据来拟合其中的参数并用于估计正常收益。其模型表达如下：

$$R_{it} = \alpha_i + \beta_i R_{mt} + \varepsilon_{it}, \quad E(\varepsilon_{it}) = 0, \quad var(\varepsilon_{it}) = \sigma^2 。$$

式中：α_i和β_i均为待估参数；R_{mt}代表市场收益，通常用市场的一些指数或一篮子股票的收益（可加权）来代替。本文将选取市场模型来作为正常收益的估计模型。

（四）估计异常回报

异常回报指的是事件窗内标的股票的实际回报减去拟合的正常回报，累计的异常回报则为一段时间内的异常回报之和。异常回报的表达式如下：

$$AR_{it} = R_{it} - E(R_{it}|X)。$$

式中：R_{it} 是股票 i 在事件窗内的实际回报，可以通过股价数据获得；在市场模型下，$E(R_{it}|X) = a_i + b_i R_{mt}$，其中 a，b 分别为 α，β 的拟合值，R_{mt} 为事件窗内的市场回报。

从 t_1 期到 t_2 期的累计异常回报的表达式如下：

$$CAR_i(t_1, t_2) = \sum_{t_1}^{t_2} AR_{it}。$$

有时还会用到平均异常收益（AAR）和平均累计异常收益（$ACAR$），它们即为对所有股票的异常收益或累计异常收益求均值。

（五）检验异常收益

计算出异常收益和累计异常收益后可以对其进行统计检验，检验的原假设为 H_0：事件对于股票价格没有冲击。在原假设下有：$AR_{it} \sim N(0, var(AR_{it}))$，$CAR_i(t_1, t_2) \sim N(0, var(CAR_i(t_1, t_2)))$。在大样本下，可以直接检验 CAR 或者 $ACAR$：

$$\frac{CAR_i(t_1, t_2)}{\sqrt{var(CAR_i(t_1, t_2))}} \sim N(0, 1), \quad \frac{ACAR(t_1, t_2)}{\sqrt{var(ACAR(t_1, t_2))}} \sim N(0, 1)。$$

也可采取 t 检验，使用各自的样本方差代替 $var(CARi(t_1, t_2))$ 和 $var(ACAR(t_1, t_2))$，此时 t 统计量的自由度为 $N-1$，其中 N 为样本数。此外，根据需要还可以采用非参数检验法，如符号检验法、秩检验法等。

（六）实证结果与分析

利用得到的 t 统计量或者其他方法的统计量可以进行统计推断，如果拒绝 H_0，说明事件对于股票价格有影响，有显著为正或负的异常回报或累计异常回报；如果不能拒绝 H_0，则有可能是因为事件本身对于股票价格不造成冲击；也可能是事件相关的信息已经提前被市场获得，从而在事件日之前市场便已做出反应；还有可能是市场对于事件的反应迟缓，或者被其他信息干扰使得市场没有充分有效地接受信息。

三、香港股市效率的实证研究

在本部分将采用事件研究法对香港股市的效率进行实证研究。选取的事件是香港上市公司 2011 年度财务报表（以下简称"年报"）公告，公告的日期大多分布在 2012 年的 3 月和 4 月之间。事件日确定为公告当日以及第二日，拟采用的是股票的每日交易数据。事件窗的范围为公告当日前后各 20 个交易日，共 41 个交易日。估计窗长度为事件窗口的前 200 个交易日。不研究事后窗。

选取的公司样本来自 2011 年 12 月 15 日发布的香港恒生指数 48 只成分股中的 30 只，产生方式为随机抽取。数据来源是钱龙软件的数据库，提供了样本股票的价格、涨跌幅、交易量等数据，股票第 t 日的收益率采用 $(P_t - P_{t-1})/P_{t-1}$ 计算，对于正常收益的计算采用市场模型，模型中的市场收益采用香港恒生指数进行衡量。

因为上市公司的年报公告可能传递好消息也可能传递坏消息，而市场对于消息的好坏的判断是相对的：比市场预期要好则看作好消息，即使该上市公司实际上是亏损；比市场预期要糟糕则看作坏消息，即使该公司实际上是盈利。但是在公告之前的市场预期难以衡量。如果我们假设市场对于不同类型的消息会做出正确的反应（即好消息会导致股票价格上涨，坏消息会导致股票价格下降），则可以通过市场本身的反应来界定年报公告本身是好消息还是坏消息。因此，本文采用事件窗口后半部分，即年报公告之后 20 日内的累计异常收益的正负作为判断消息类型的标志，从而对股票进行分组：20 日内异常回报为正，可认为发布了好消息，归为一组；否则就是发布了坏消息，归为另一组。除了对所有股票检验其平均累计异常回报外，也对这两组分别进行组内平均累计异常回报的显著性检验。检验结果如表 1 所示。

表1　30 只恒生指数成分股年报公告事件窗内的平均累计异常回报（分组）

t	全部股票		公告了好消息的股票		公告了坏消息的股票	
	$acar$[1]	$t\ value$[2]	$acarP$[3]	$t\ value$[4]	$acarN$[5]	$t\ value$[6]
-20	-0.12061	-0.46588	0.020935	0.044611	-0.26216	-1.12213
-19	-0.19781	-0.51968	-0.05495	-0.08856	-0.34068	-0.73925
-18	-0.1864	-0.3507	-0.14106	-0.17754	-0.23175	-0.31571
-17	-0.52624	-0.85407	-0.35153	-0.36313	-0.70094	-0.88217
-16	-0.42722	-0.7535	-0.47651	-0.51192	-0.37793	-0.55423
-15	-0.09161	-0.14395	0.106032	0.100924	-0.28925	-0.38362
-14	-0.32207	-0.41123	-0.21554	-0.16716	-0.4286	-0.45769
-13	0.153623	0.210307	0.402387	0.320857	-0.09514	-0.11997
-12	0.128231	0.164014	-0.04105	-0.03311	0.297514	0.298848

续表 1

t	全部股票		公告了好消息的股票		公告了坏消息的股票	
	$acar^{1)}$	$t\ value^{2)}$	$acarP^{3)}$	$t\ value^{4)}$	$acarN^{5)}$	$t\ value^{6)}$
-11	-0.34097	-0.3519	0.325083	0.216307	-1.00702	-0.80436
-10	-0.13923	-0.12252	0.996582	0.526731	-1.27505	-1.01248
-9	-0.13158	-0.11202	1.00217	0.493485	-1.26534	-1.0662
-8	0.473249	0.458574	1.462774	0.79826	-0.51628	-0.53988
-7	0.170474	0.166018	0.960253	0.535115	-0.6193	-0.60182
-6	0.400086	0.378722	1.405178	0.779081	-0.60501	-0.5464
-5	0.071928	0.066975	1.281438	0.698383	-1.13758	-1.0374
-4	-0.5037	-0.45704	1.021686	0.560526	-2.02909	-1.729
-3	-0.80014	-0.73682	0.776936	0.428849	-2.37721	-2.12793
-2	-0.29098	-0.2714	1.211357	0.707193	-1.79332	-1.46143
-1	-0.29359	-0.25403	1.387789	0.775793	-1.97497	-1.42171
0	-0.27345	-0.23792	1.583583	0.868528	-2.13049	-1.6557
1	-0.55926	-0.48057	1.13974	0.606636	-2.25827	-1.74826
2	-0.98275	-0.82486	0.74149	0.406757	-2.707	-1.85352
3	-1.14294	-0.93311	0.836394	0.456846	-3.12228	-2.05695
4	-1.37181	-1.19045	0.628342	0.379947	-3.37196	-2.27603
5	-1.98776	-1.48254	0.277404	0.170812	-4.25293	-2.10626
6	-1.76573	-1.34736	0.430751	0.27918	-3.9622	-1.96997
7	-2.22978	-1.47496	0.374259	0.215046	-4.83381	-2.0667
8	-2.2668	-1.34043	0.637054	0.385441	-5.17066	-1.83829
9	-1.6135	-0.91836	1.761357	0.974351	-4.98836	-1.77552
10	-1.70698	-1.02505	1.89961	1.10903	-5.31357	-2.05335
11	-1.93017	-1.23631	1.890171	1.138516	-5.7505	-2.50811
12	-2.00682	-1.29986	1.989589	1.286305	-6.00323	-2.63244
13	-2.12006	-1.34438	2.035458	1.275247	-6.27557	-2.72898
14	-1.82203	-1.11985	2.775836	1.775301	-6.4199	-2.7369
15	-1.40243	-0.85351	3.258239	1.851396	-6.06309	-2.71561
16	-1.44917	-0.88213	3.318865	1.948644	-6.2172	-2.77146
17	-1.29597	-0.77354	3.757194	2.071029	-6.34914	-2.93193
18	-1.12335	-0.66866	3.956371	2.1163	-6.20307	-2.92041

续表1

t	全部股票		公告了好消息的股票		公告了坏消息的股票	
	acar[1]	t value[2]	acarP[3]	t value[4]	acarN[5]	t value[6]
19	-1.30969	-0.73529	4.260321	2.044101	-6.87969	-3.29188
20	-0.97742	-0.50949	4.961136	2.313289	-6.91597	-2.92003

1) 全部股票累计平均异常回报，等于从 -20 到该日累计平均异常回报 (%)。
2) 服从自由度为 29 的 t 分布，5% 的上分位数为 1.6991。
3) 公告了好消息的股票的累计平均异常回报 (%)。
4) 服从自由度为 14 的 t 分布，5% 的上分位数为 1.7613。
5) 公告了坏消息的股票的累计平均异常回报 (%)。
6) 服从自由度为 14 的 t 分布，5% 的上分位数为 1.7613。其中，t 统计量为：

$$t = \frac{ACAR_t}{\frac{1}{\sqrt{N}}\sqrt{var(ACAR_t)}} = \frac{ACAR_t}{\sqrt{\frac{1}{N(N-1)}\sum_{i}^{N}(CAR_{i,t}-ACAR_t)^2}},$$

$$ACAR_t = \frac{1}{N}\sum_{i}^{N}CAR_{i,t}, \quad var(ACAR_t) = \frac{1}{N-1}\sum_{i}^{N}(CAR_{i,t}-ACAR_t)^2。$$

从表 1 中容易看出，所有股票的累计平均异常回报在 5% 的显著性水平上均不显著，公告了好消息的股票的累计平均异常回报在事件窗接近末尾处开始显著，公告了坏消息的股票的累计平均异常回报在事件日附近就开始显著。

四、实证结果分析

从实证结果可以看出，好坏消息分组之后，事件日之后一段时间内各自的累计异常回报的绝对值均增加，说明这段时间内持续存在正的（好消息）和负的（坏消息）异常回报。从图 2 中可以看出，在事件日之前约 10 日开始，公布不同类型消息的股票的累计异常回报就已经开始显现，而事件日那两日内的累计异常回报并没有发生大的变化，直到事件日之后的几日里累计异常回报才开始朝着正确的方向发生较大变动。这说明可能存在以下两个事实：①在上市公司年报正式公告之前市场便已经某种程度地获得了相关信息，因此提前做出了反应；②当年报正式公告之后市场的反应较为迟缓，在公告日一段时间后才对公告做出了明显反应，而且公告对股票价格的影响持续时间较长。

回想半强式有效假说的内容，要求股票价格反映所有公开可得的信息，并且能对新信息做出迅速有效的反应。所谓迅速，通常认为应该在信息发布的一两天内。上述的第一点事实，股市提前做出反应，并不能直接否定半强式假说；但是第二点事实，股市对事件反应迟缓，则可以作为反对其达到了半强式有效的证据。股市达不到半强式有效有很多种可能的原因。事实上，随着行为金融学逐渐兴起，有效市场假说本身也面临着巨大的挑战。其主要缺陷在于，有效市场假说的一些前提假设在现实中不能得到满足，它所描述的保证市场有效运行的一些机制的作用有限。如前所述，可以把市场参与者按照与信息的关系进行分类，即靠大众性公开信息交易者、靠专业性公开信息交易者、靠派生信息交易者、无信息交易者，这几类交易者共同影响股票价格。而有效市场假说成立的关键在于，在非理性交易者存在的情况下，要求有效套利者的存在，通过理性的套利行为消除所有的超额收益的机会。但是行为金融学认为，不存在完全理性的交易者，交易者的有限理性主要反映在以下四点（杨光兵，2010）：①投资选择策略的非理性；②对投资决定的不确定性后果预测的非理性；③投资者对风险的态度；④投资者交易行为的非随机性。有效套利往往是有限的而非完全的，其受到缺乏完美的替代品和噪声交易者风险的限制。

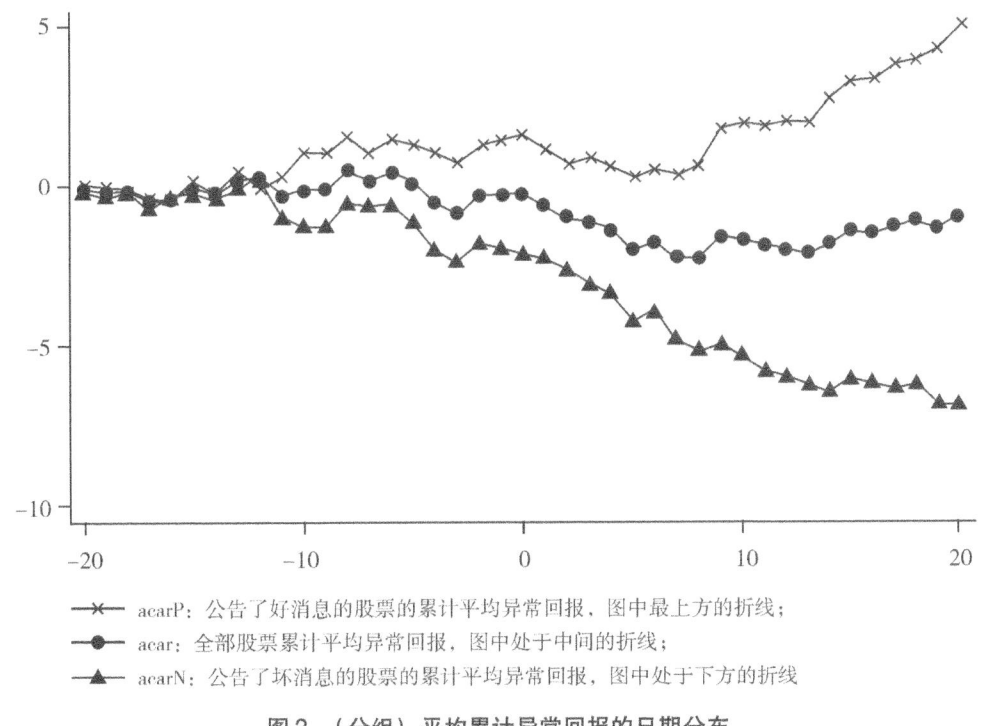

——×—— acarP：公告了好消息的股票的累计平均异常回报，图中最上方的折线；
——●—— acar：全部股票累计平均异常回报，图中处于中间的折线；
——▲—— acarN：公告了坏消息的股票的累计平均异常回报，图中处于下方的折线

图2 （分组）平均累计异常回报的日期分布

行为金融学从理论上对有效市场假说进行了质疑，在实际中，情况会更加多样化。上面的结果中，市场提前做出了反应，可能就是公告前部分信息外漏或者是存在内幕信息交易者；市场的反应迟缓，通过联系香港股市的一些特点，可以从中看出可能导致市场达不到半强式有效的多种可能的原因。

首先，上市公司的年度财务报表大多内容繁杂，数据众多，对于非专业人士的普通投资者来说，只能大致理解其含义，即使是专业的机构投资者，也未必能在短时间内得出肯定的结论，因此市场的反应较为迟缓，部分原因在于信息的解读需要时间。香港的上市公司的年度财务报表往往有100多页，即使是其中较为重要的财务数据表

格也有多个，并不容易在短时间内迅速得到结论。尽管相对于中国内地的沪市、深市而言，香港股市的机构投资者比重更大（比重为2/3至3/4之间），股市专业性更高，但仍有1/4多的投资者为个人投资者，这部分人对于专业的年报的解读的深度和速度均不如机构投资者，在反应速度上和幅度上也比机构投资者要弱，可能是市场反应迟缓的原因之一。

其次，有效市场假说在存在非理性投资者的情况下，需要依赖有效套利机制来达到市场的有效性，而影响套利者行为的一个重要因素就是市场风险问题，由于对风险的规避（这未必不是理性的），在很多情况下套利远未达到完全的地步。香港股市实行的是T+0的交易方式（指当日买入的股票可以当日卖出），某种程度上加大了股市变动的不确定性；香港股市不存在涨跌停制度，即在一日内股票的涨跌幅不受限制；而且，如今香港股市存在卖空机制，即可以通过卖空来从股票的下跌中获得收益。这几个特点一方面加大了香港股市的流通性、时效性和灵活性，另一方面也加大了股市的风险程度，对有效市场假说中的套利机制产生影响。以某只股票公布了重大利好消息为例，不存在涨停意味着在一日内不存在股票上涨的最高价格，而股票的内在价值并无绝对的外部标准，这意味着不同的投资者之间对于股票可能达到的最高价格存在不同的看法。如果股票价格上升到超过一些投资者的心理底线，这部分投资者可以马上抛售手中的股票，造成股票价格的下跌；同时，卖空机制的存在也使得股票价格在高位游走时存在下跌的风险。这使得港股的投资者们倾向于较为缓慢地买卖股票以试探市场的反应，这是一种规避风险的行为，使得套利行为达不到有效市场假说认为的地步。

最后，从我们研究的香港股市的构成来看，在股票方面，我们研究的是恒生指数中的一部分成分股，既包含香港本地的股票，也有内地的一些大型企业的股票，如建设银行、工商银行、旺旺、中国石化等，这些内地企业往往也在内地上市；在投资者方面，除了上面所说将近3/4为机构投资者以外，在机构投资者当中，有半数左右的外国机构投资者。不同的投资者对于各上市企业的财务报表的真实有效性的看法不尽相同，反映在市场变化上即为不大可能在短时间内采取一致的买入或者卖出的行动，一部分投资者会谨慎行动以观察市场的反应，以降低风险。此外，已有的诸多文献（石建勋 等，2011；罗子光，2008；丁勇锦，2008；石建勋、周浩，2010）表明香港股市和内地股市具有一定的联动性（相关性）。这会带给香港股市更多的不确定性，也可能是香港股市没能达到半强式有效的原因之一。

综上所述，没有证据表明香港股市达到半强式有效。从监管者的角度而言，则应该加强对于信息披露和内幕交易方面的监管，在要求上市公司进行信息披露的同时，还要对信息披露的质量做出要求，不允许虚假信息披露或者故意披露不准确的信息，完善信息披露的内容、形式等，促使市场朝着"公平、公正、公开"方向发展。

参考文献

[1] Craig MacKinlay. Event Studies in Economics and Finance [J]. Journal of Economic Literature, 1997, 35 (1): 13 – 39.

[2] Victor L Bernard. Cross-Sectional Dependence and Problems in Inference in Market-Based Accounting Research [J]. Journal of Accounting Research, 1987, 25 (1): 1 – 48.

[3] 丁勇锦. 中国内地股市与香港股市联动性研究 [D]. 杭州：浙江大学经济学院, 2008.

[4] 董志勇, 康占平. 行为金融学与有效市场假说的争论 [J]. 宁夏社会科学, 2006 (4): 43 – 48.

[5] 李国俊, 李霞. 中外股市不同阶段市场有效性的对比分析 [J]. 中南财经政法大学研究生学报, 2010 (1): 54 – 59.

[6] 罗子光. 香港股市与内地股市的联动性研究 [J]. 南方金融, 2008 (12): 40 – 43.

[7] 石春茂, 王永. 对资本市场机构投资者作用的认识 [J]. 财会月刊（理论）, 2006 (7): 63 – 64.

[8] 石建勋, 钟建飞, 李海英. 金融危机前后内地与香港股市联动性及引导性变化的实证研究 [J]. 统计与信息论坛, 2011, 26 (2): 42 – 47.

[9] 石建勋, 周浩. 内地股市与香港股市联动原因的实证分析 [J]. 粤港澳经济, 2010, 26 (11): 55 – 61.

[10] 王若凡. 沪、港、澳股市有效性比较研究 [D]. 南京：南京理工大学国际贸易学院, 2009.

[11] 杨光兵. 有效市场假说的争论与发展 [J]. 科学决策, 2010 (10): 73 – 87.

[12] 袁显平, 柯大钢. 事件研究方法及其在金融经济研究中的应用 [J]. 统计研究, 2006 (10): 31 – 35.

[13] 周爱民, 张友兰. 沪、深、港股市有效性的检验比较. 河北省科学院学报, 2001, 18 (2): 68 – 71.

[14] 张月飞, 史震涛, 陈耀光. 香港与大陆股市有效性比较研究 [J]. 金融研究, 2006 (6): 34 – 40.

[15] 张敏, 陈敏, 田萍. 再论中国股票市场的弱有效性 [J]. 数理统计与管理, 2007, 26 (6): 1092 – 1099.

作者单位：中山大学港澳珠江三角洲研究中心

澳门产业结构优化动力机制的构建分析

谢四德

摘　要：国家"十二五"规划独立成章地将港澳纳入国家层面规划，当中更触及澳门产业结构的优化方向。然而，博彩业"一业独大"已使澳门形成了博彩财政的格局，而澳门特区政府对博彩业的依赖度日益增加。在高度依赖博彩税收下，特区政府有没有存在优化产业结构动力机制的可能？如果有，又是什么因素促使特区政府推动产业结构优化？产业结构优化动力机制如何生成？理论界一直缺乏这方面的探讨。本文通过对澳门产业结构优化动力机制的构建分析，为特区政府在应对国家"十二五"规划、改变产业结构单一格局提供动力理论支持。这对促进产业结构优化、改善产业结构失衡、配合国家实施"十二五"规划具有现实意义。

关键词：澳门产业结构；优化动力机制；构建

一、前　言

从澳门的经济发展史来看，在400多年的澳葡殖民统治下，澳门几乎没有呈现出一个成熟的产业结构优化动力机制，这归咎于澳门产业长期特殊化发展所致。众所周知，葡萄牙人在澳门实行的殖民统治在经济上呈现出特殊产业、畸形发展的格局，如贩卖鸦片、人口和开赌等；即使在20世纪70—80年代澳门搭上了国际产业转移的尾班船，发展轻工业（加工贸易），然而，其产业结构未能有序地实现升级和转型，最终未能迅速地走完工业化进程。直到现在，以博彩业为主的特殊化发展仍是澳门经济发展的硬核。这说明澳门长期以来都欠缺一个成熟的产业结构优化动力机制，因此400多年来澳门都未能有效扭转高度依赖特殊化发展的格局。造成这种格局，除了与澳葡政府的长期不作为有关，也与高度依赖特殊产业的庞大收益有关，而高度依赖往往制约了优化动力。回归后，在"一国两制"、"澳人治澳"、高度自治下，澳门特区在政治、经济、社会各方面都具备了形成产业结构优化动力机制的条件。近年来，澳门产业结构优化动力也开始运行，如博彩业由独占垄断向寡头竞争发展，只是优化动力集中于博彩业发展上，反而巩固了博彩财政，使特区政府更加高度依赖博彩业。但这个优化动力未能形成一个产业均衡发展的机制，而仅是路径依赖下的必然选择。尽管特区政府在施政报告中多次提出新兴产业的发展构想，如会展业、文化创意产业、中医药业等，但除了带有国家战略性质的中医药业有实质性的进展之外，其他方面的发展并不到位。这归咎于特区政府自身并未形成一个有效的产业结构优化动力机制，新兴产业自身更加未形成市场运作的产业优化动力机制。如果没有一个有效的产业结构优化动力机制，博彩业"一业独大"的问题无法解决，新兴产业也无法发展。所以，澳门有迫切的需要构建产业结构优化动力机制。

现有的有关产业结构优化动力机制的研究，主要是针对政府如何通过政策在产业结构上持续地实现合理化、高度化发展。动力机制的研究对经济可持续发展有根本性的影响，目前的研究以优化动力机制的因素、对象和路径选择为主。王军（2009）依照理论分析将动力机制分为宏观动力（投资、消费、净出口）、中观动力（三次产业的结构转换效应）、微观动力（资本、劳动、技术、制度、人力资本、管理创新）。姜文仙（2011）运用利益主体与多重委托代理关系，构建区域协调发展动力机制模型，该模型主要由内生动力模型和外生动力模型构成，两者之间形成复杂的混合约束动力网络而产生耦合动力。钟清流（2010）认为经济发展方式的动力机制来源于激励制度的创新。

本文参考了已有的有关研究成果，在动力机制与发展模式的逻辑关系（图1）上，结合澳门的微型经济体、"一国两制"、博彩业独大等特点，通过压力因素分析，找出动力来源，再辅以动力耦合机制分析，构建出澳门产业结构优化动力机制。

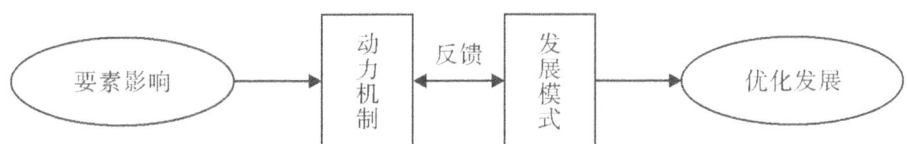

图1 动力机制与优化发展模式的逻辑关系

二、经济发展失衡与压力形成

范守信（1999）指出人类历史的发展是一个不断加压的过程：一方面是个性的自由和解放，使个人更直接地面对自然和社会压力；另一方面是压力产生动力，动力产生新的需要，又成为新的压力。对澳门而言，发展失衡是压力形成的主要因素之一，而澳门经济发展失衡主要是赌权改革、博彩业"一业独大"所致，当中，由外部性冲击引发的内部性挤占效应对政治、经济、社会构成新的压力。压力主要来自两方面：内部压力和外部压力。

（一）内部压力

内部压力是指生产力与生产关系的不协调发展而引发的各种内部矛盾。从目前来看，澳门的内部压力主要来自楼价飙升、制度压力、赌权开放和劳动力短缺。

1. 楼价飙升

赌权开放后，在制度设计缺陷下，加上政府的放任不干预态度，自由港制度助长市场投机炒卖合理化，结果是楼价飙升。2004—2011年，澳门住宅每平方米成交价升幅5倍（表1），同一时期，澳门居民每月工作收入中位数升幅仅93%，不到1倍

（表2）。在楼价飙升下，中间收入阶层上楼困难，即使可以上楼，也成为"房奴"，而低下阶层更是"望楼兴叹"。近年越来越多社会声音要求特区政府复建经济房屋，打击房地产炒卖活动。根据2011年一份年民意调查显示，在最多人希望列入2012年度施政报告的十项政策措施中，调控房地产排名第一。① 楼价飙升直接影响到社会稳定和贫富差距，如果任由楼价无止境地飙升，而政府不加以干预，它将可能发生房地产泡沫；一旦发生房地产泡沫，所引发的金融危机必然引起社会动荡，而不利于澳门特区政府成功实践"一国两制"。

表1 澳门住宅每平方米成交价（2004—2011年）

单位：澳门元

年份	2004	2005	2006	2007	2008	2009	2010	2011
成交价	8259	11621	13881	20729	23316	23235	31016	41433

资料来源：《澳门统计年鉴》（2004—2011年）。

表2 澳门居民每月工作收入中位数（2004—2011年）

单位：澳门元

年份	2004	2005	2006	2007	2008	2009	2010	2011
收入中位数	5167	5773	6701	7800	8000	8500	9000	10000

资料来源：《澳门统计年鉴》（2004—2011年）。

2. 制度压力

在一般情况下，制度压力的根源来自两方面：一是社会适用性，指一些制度压力要求企业更适合社会或更被社会接受；二是经济适用性，指在制度压力下企业要负起经济责任和经济合理化（Zucker，1987）。制度压力对澳门产生的影响同样来自经济适用性和社会适用性两个方面。

从经济适用性方面来看，压力主要来自博彩业独大对中小企业生存和发展构成压力，理论界所指的"挤占效应"和"吞噬效应"导致澳门产业结构出现严重失衡和不合理，中小企业与博彩企业之间存在不适用性。根据有关民意调查报告显示，2009年有49.5%的市民要求下一届特区政府着重处理经济适度多元化问题②，2011年则有60.18%的市民认为产业需要适度多元化发展③。

从社会适用性方面来看，压力主要有病态赌博、贫富差距扩大两大问题。博彩业"一业独大"的发展，病态赌博问题将日趋严重，社会要求博彩企业履行负责任博彩

---

① 新视角学会：《澳门居民对2012年度施政报告的期望调查报告》，澳门，2011年，第3页。
② 澳门理工学院一国两制研究中心：《澳门特区十年发展进步大型民意调查报告》，2009年6月16日，第15页。
③ 澳门理工学院一国两制研究中心：澳门：《"一国两制"综合指标民意调查报告》，2011年7月8日，第15页。

的呼声日趋高涨,居民与博彩企业之间形成不适用性。根据有关民意调查报告显示,2009年有53.32%的市民要求下一届特区政府着重处理博彩业监督①,2011年有60.18%的市民要求加大对博彩业监控的力度②。贫富差距扩大,由表3可见,澳门大部分行业的盈余年均增长大于雇员报酬的年均增长,其中劳动力最密集的行业如建筑业、酒店饮食业、博彩业等差距明显;由表4可见,表面上,2010年人均本地居民收入达35.4万澳门元,而人均本地居民每月工作收入中位数只有9000澳门元,按年计算的中位数收入为108000澳门元,与人均本地居民收入比较相差2.28倍,这凸显收入分配不均,大部分收入由小部分人占去,贫富差距问题突出。根据2011年一份民意调查显示,有79.04%的居民希望中央和特区政府多加关注贫富差距问题③,更有政治社团敦促特区政府进行最低工资立法。可见,澳门的制度压力主要来自制度设计存在严重缺失。尽管赌权开放一方面促进了政府财政丰裕和社会充分就业,另一方面赌权开放下博彩业"一业独大"挤占了中小企业的生存和发展空间,使澳门经济结构失衡,经济系统变得脆弱和不稳定,降低了整体经济发展的适应性;同时,博采企业只追求自身利益最大化而严重忽视了赌博的外部性问题,将社会责任转嫁给特区政府或邻近地区,这不但增加了澳门特区的社会治理成本,还增加了区域合作的障碍。

表3 雇员报酬与行业盈余的平均增长率比较(1998—2010年)

单位:%

项目	采矿业	制造业	电力气体及水的生产及分配	建筑业	批发及零售业、维修酒店业及饮食业	运输仓储及通讯业	银行保险及退休基金不动产业务租赁及向企业提供的服务	公共行政、社会服务及个人服务(包括博彩业)
雇员报酬率	-2.29	-4.74	2.99	12.71	12.43	6.08	9.29	9.32
行业盈余	-22.41	-18.37	0.47	17.32	17.11	3.92	6.79	14.51

资料来源:《澳门统计年鉴》(1998—2011年)。

---

① 澳门理工学院一国两制研究中心:澳门:《澳门特区十年发展进步大型民意调查报告》,2009年6月16日,第15页。
② 澳门理工学院一国两制研究中心:澳门:《"一国两制"综合指标民意调查报告》,2011年7月8日,第15页。
③ 澳门理工学院一国两制研究中心:澳门:《"一国两制"综合指标民意调查报告》,2011年7月8日,第15页。

表4 澳门人均GDP与每月工作收入中位数收入比较（2004—2010年）

单位：澳门元

项　目	2004年	2005年	2006年	2007年	2008年	2009年	2010年
人均本地居民收入	221392	227860	241937	297141	267413	284352	354365
每月工作收入中位数	5167	5773	6701	7800	8000	8500	9000
按年计算的中位数收入	62004	69276	80412	93600	96000	102000	108000
人均本地居民收入/按年计算的中位数收入	3.57	3.29	3.01	3.17	2.79	2.79	3.28

资料来源：《澳门统计年鉴》（2004—2010年）。

3. 赌权开放

2002年，澳门赌权正式开放。从竞争的角度来看，开放赌权势必打破原来一赌独占的垄断局面，形成"3+3"[①] 寡头竞争新格局。赌权开放对澳门的冲击有三大方面：第一，经济方面。一方面促进澳门经济高速增长、政府财政丰裕和充分就业，另一方面导致澳门经济结构失衡和发生劳动力挤占效应。此外，加促博彩财政形成，倒迫政府政策向博彩倾斜。第二，社会方面。新博彩文化的入侵将增加青少年参与赌博或赌场工作的机会，从而扼杀年轻人在其他行业或新兴行业创新发展的机会，增加了特区政府的社会治理成本和影响代际发展。第三，政治方面。外资大举进军澳门博彩业，表面上是经济行为，实际上有政治意图。除了借助澳门亚洲博彩中心的地位向亚洲地区吸金（收割经济成果）之外，最重要是通过刺激澳门博彩业发展而引发亚洲开赌的骨牌效应，最终通过亚洲地区广泛开赌而围"赌"中国。目前开赌的中国周边国家有澳大利亚、新加坡、日本、韩国、马来西亚、越南、柬埔寨、印度、缅甸、朝鲜、俄罗斯，已构成包围中国之势，目标是收割中国经济发展成果。同时，使亚洲资金流入博彩业而牺牲其他产业发展的机会，从而实现资本掠夺战略。赌权开放为澳门成功实践"一国两制"创造了经济基础，但"先一国"、"后两制"的发展也带来了政治风险。

4. 劳动力短缺

自赌权开放和各间赌博企业相继落成，劳动力短缺问题日益严重，不但反映在量上，还反映在质上。中小企业协进会及澳门大学工商管理学院合作的中小微企业研究显示，接近60%的受访者认为人资短缺、员工流失问题在短期内无法得到解法。[②] 劳动力短缺影响最大的是经济活动，尤其对一些资本规模较小的中小企业的冲击最大，

---

① "3+3"是指2002年获得赌牌的澳博、永利、银河，加上2004年获得副牌的威尼斯人、美高梅和新濠国际。

② 该研究显示，接近六成受访者认为成本租金上涨、竞争加剧、人资缺乏及员工流失等问题短期内无法解决。研究结果将编入《澳门中小微企白皮书》，提交特区政府参考。

它们根本没有足够的财力抵抗大企业的"挖角潮",有些更因人手不足而结业。此外,由于劳动力短缺而引发的"黑工"泛滥问题,正在威胁着澳门本地工人的饭碗。劳动力短缺问题的影响正由经济领域扩展至社会领域。特区行政长官崔世安在2011年度施政报告中明确指出要"加快处理和审批中小企业输入外地雇员的申请"。这一方面反映劳动力短缺的严重性,迫切需要通过输入外地劳工以解决劳动力短缺问题,否则会对澳门经济可持续发展造成负面影响;另一方面反映劳动力短缺已对特区政府施政构成压力,外地劳工输入政策正可因势调整。

(二)外部压力

外部压力一般是指受到外部因素冲击影响而产生的内部矛盾。从目前来看,澳门的外部压力主要来自大规模外来直接投资、外部性冲击、国际组织协议和中央政府的委托代理等影响。

1. 大规模外来直接投资

有研究指出,在制度设计严重缺失的情况下,政府贸然地大规模引进外来直接投资,将危及经济系统的稳定性。2002年,在制度设计未有充分准备下,澳门开放赌权,吸引大规模外来直接投资澳门博彩业市场,虽然促使了经济的高速增长,但却激发了社会经济潜在的不稳定。第一,市场竞争加剧,首当其冲的是中小企业。此外,由图2可见,赌权开放前澳门每成立11间公司就有一间公司解散,赌权开放后每成立8间公司就有一间公司解散,显示市场竞争激烈,加速优胜劣汰。第二,增加风险传染机会。一般而言,大规模外来直接投资一般具有跨国公司背景,它们在世界各地分散投资是为追求低风险高回报,但往往也因地区发生经济危机牵一发而动全身。澳门引入跨国公司,间接地也增加了风险传染机会。第三,挤占大量资源。第四,引发通胀。第五,加速产业结构失衡。这对本地市场构成竞争压力,同时也对特区政府构成制度压力。

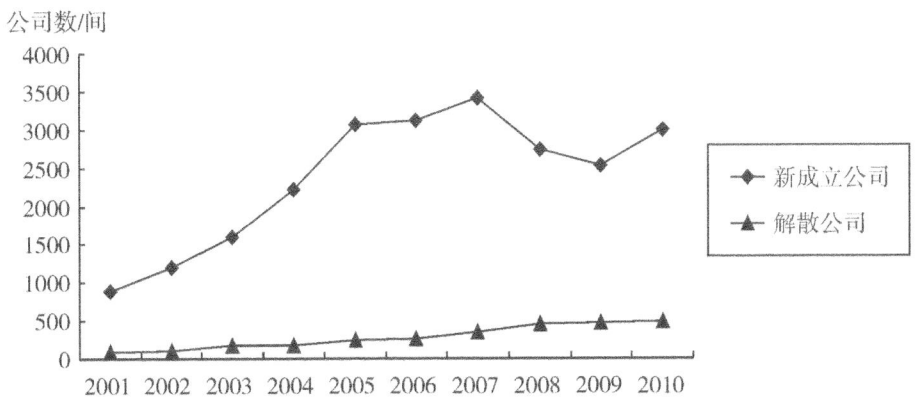

图2 澳门新公司成立与公司解散情况(2001—2010年)

2. 外部性冲击

外部性冲击对一国国内经济的影响常需经由开放经济部门的传导效应作用于国民经济的其他各部门。澳门本身属于一个外向型的微型经济体，对外依赖程度高，容易受外部经济环境波动影响。本文认为，目前有两方面的外部性冲击将对澳门构成压力：一是经济危机。例如，2008年爆发国际金融危机以来，澳门经济随即出现短暂的大幅波动（图3）。随着全球经济一体化程度越来越高，区内经济全球化问题突出，一旦某一区内发生经济危机，亦有可能冲击全球，澳门无可避免也将被波及。二是邻近地区打破赌禁，争相开赌，目前已开赌的有前述的澳大利亚、新加坡等11国，而潜在开赌的有台湾地区。周边国家和地区开赌的压力主要来自竞争，一方面分薄了澳门的亚太地区客源，另一方面倒逼澳门更加依重内地客源，赌博产生的社会治理成本将完全转嫁给内地，这种发展模式必然是不可持续的。因此，外部性冲击对澳门经济构成竞争压力，同时也对澳门特区政府构成制度压力。

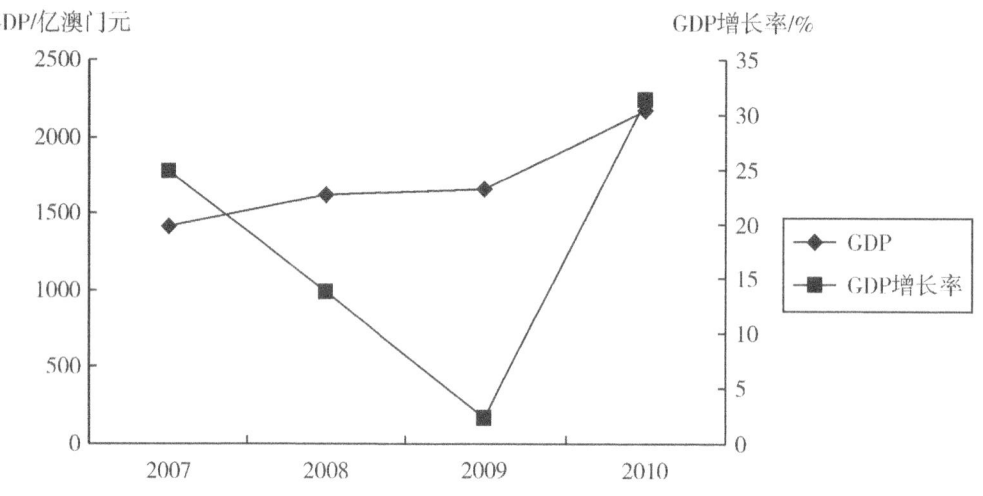

图3 经济危机发生与澳门GDP增长率变动（2007—2010年）

3. 国际组织协议

国际组织协议实际上是一套全球性的游戏规则，只要参加了这种游戏，就必须遵守这种游戏规则。如果这种游戏规则发生更改，所有签署协议的国家、地区都有责任跟从推行。它的压力主要来自一种集体约束，一个国家或地区有权选择不玩这种游戏，但同时也选择了被孤立。迄今为止，澳门加入的国际组织共52个，其中政府国际组织24个，如世界贸易组织、联合国教科文组织、世界卫生组织西区域委员会、海关合作理事会、国际纺织及成衣局等。在澳门适用的国际组织协议涵盖17个大类，共191条，范围包括贸易、投资、知识产权、劳工、人权等；双边协议7个大类，共82条。政府和企业都有责任履行这些协议，以便与国际接轨。这对特区政府将构成制度压力。

4. 中央政府的委托代理

《澳门基本法》第 2 条规定："中华人民共和国全国人民代表大会授权澳门特别行政区依照本法的规定实行高度自治，享有行政管理权、立法权、独立的司法权和终审权。"第 12 条规定："澳门特别行政区是中华人民共和国的一个享有高度自治权的地方行政区域，直辖于中央人民政府。"法定的权力来源、中央与地方关系，说明了中央政府与澳门特区之间存在着一种委托代理关系。这种委托代理关系具体如何划分？根据《澳门基本法》第 13 条、第 14 条、第 16 条，中央负责澳门特区的外交和防务，澳门特区政府则负责日常的治安和行政事务。在委托代理机制下，这也将对特区政府构成制度压力。

（三）动力合成

1. 单一区域合成作用的产生

由图 4 可见，在内外压力下，政府和企业两个主体必然不同程度地受到冲击。对政府而言，基于多重委托代理机制假设，政府责无旁贷，管治责任不同程度地增加；对企业而言，无论来自市场、社会抑或政府的冲击，竞争压力都不同程度地增加，基于企业经济人的假设，企业将自发地应对。又假设政府和企业都是理性的，基于自身利益考虑，它们会选择进行一场利益博弈，但也会因发展机遇而形成合力。当中到底是政府占主导作用，还是企业占主导作用，又或是社会占主导作用，则是博弈的结果。合力形成后将释放出动力。

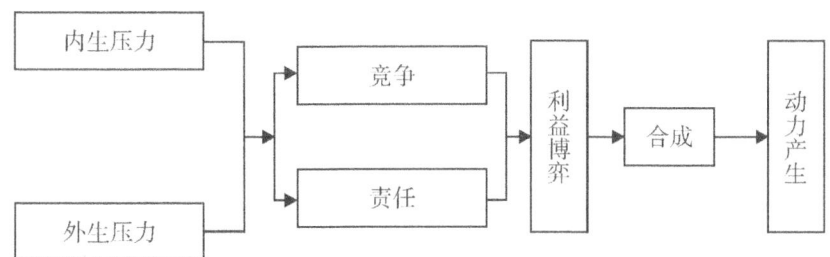

图 4　单一区域合成作用的产生

2. 单一区域动力合成

图 5 是一个描述性的直观模型。横轴表示时间，纵轴表示利益水平，E_1 表示动力质点，它所对应的时间为 T_1，利益水平为 P_1。在单一区域的发展过程中，抽取其中任意一个质点，它受到的作用力主要来自三个不同的利益主体，分别是企业、地方政府和中央政府。其中，F_1 代表企业，F_2 代表地方政府，F_3 代表中央政府，各个作用力呈现出的不同特征（包括大小、方向、作用点）均和利益主体自身的特点紧密关联。在相互作用下，形成动力合成 $F_合$，推进到另一个动力质点 E_2。如此类推，在反复相互作用和博弈下，动力质点会因应作用力 F_1、F_2、F_3 的作用特征发生不同方向的移动。

对澳门而言,代表企业的 F_1 主要动力来源于赌权开放和外来直接投资,代表特区政府的 F_2 主要动力来源于中央政府、企业的委托代理机制,代表中央政府的 F_3 主要动力来源于对国家利益的考虑。从目前的情况来看,F_3 与 F_2 的作用方向基本一致,表明合成作用明显;F_3 与 F_1 的作用方向有所偏离,表明合成作用不明显;F_1 与 F_2 的作用方向也有所偏离,表明合成作用不明显。但经过反复博弈,三者会产生一股动力 $F_合$,从而推进澳门的发展。

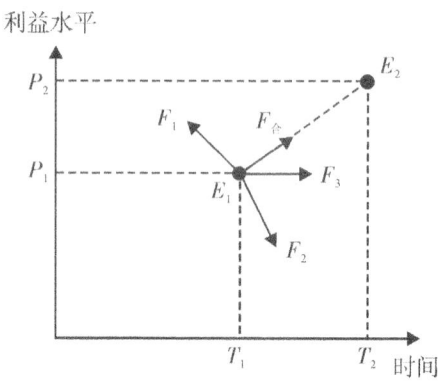

图 5　单一区域动力合成

三、动力机制与压力的临界冲击

动力的产生是受到内外压力所致,在内外压力冲击下,经过多番博弈,压力经过合成作用转化为动力。王伟光(2010)从利益角度出发,指出社会动力是指激励、推动、导向、支配人们(个人、集团、阶层、阶级、民族、国家,乃至整个人类)的活动,进而导致社会历史发展变动的力量和因素,而利益是激励人类从事社会历史活动的动力因素。姜文仙(2011)根据动力的形成原因将动力划分为内生动力和外生动力。

(一)内生动力

内生动力是指在事物的发展过程中,在事物内部产生的能够导致事物运动与发展变化的力量。根据上述范守信对压力与动力之间相互作用的分析,显示内生动力主要由内生压力产生。

对特区政府而言,《澳门基本法》第 4 条规定:"澳门特别行政区依法保障澳门特别行政区居民和其他人的权利和自由。"条文明确指出特区政府有法律责任保障澳门特区居民的发展权利,明确政府责任所在。什么是发展权利?简单而言,是指生存权与发展权。如果澳门特区居民的生存和发展受到威胁,特区政府没有设法解决的话,那么,政府将构成失职。目前来看,制度压力、高楼价、赌权开放和劳动力短缺等对澳门特区政府构成不同程度的压力,从它们的发展态势看,几乎都触及压力临界点。因此,制度压力、高楼价、赌权开放和劳动力短缺都将对特区政府构成内生动力。

对本土企业而言,从目前来看,劳动力短缺持续发酵,未有缓和迹象,赌博企业对中小企业的挤占而引发的劳动力短缺已触及压力临界点。此外,赌权开放还挤占土地资源,推高租金成本,致使中小企业通过加价将增加的成本转嫁给消费者,从而避免触及租金上升的临界压力,某种程度上也纾缓了经营成本压力;但加价将造就替代品市场,引进更多竞争者,使市场竞争更加激烈。至于制度压力、高楼价,尽管对本地企业营运也构成一定的影响,但远未触及压力临界点;相反,制度设计缺陷、楼价飙升、通货膨胀带动需求总量的增加,将带来更多投资商机,激发本地企业投资活动。可见,在内生压力因素的影响下,赌权开放、劳动力短缺将对本地企业构成经营压力,制度压力、楼价飙升则对本地企业构成投资动力。相比较之下,制度缺陷、通货膨胀引发的投资商机将超过劳动力短缺带来的经营风险,对冲后它们将对本地企业构成内生动力。

(二) 外生动力

外生动力是指来自事物外部,能够导致事物运动与变化发展的力量。基于范守信的压力与动力分析,同理得出,外部压力是产生外生动力的来源。

对特区政府而言,澳门是一个自由港,实行"一国两制"与奉行自由市场制度,加上本身属于微型经济体、对外依赖程度高和受到不少国际组织协议的约束,容易受到外部压力的影响。从外部压力因素来看,外来直接投资、外部性冲击、国际组织协议和中央委托代理机制等产生的压力都可能构成特区政府的外生动力。

首先,中央委托代理机制将是外生动力的主要来源之一,这是基于政治学的权责分析而做出的一种断判。既然特区政府的权力来源于中央,那么,中央委托代理的任务便是政治责任。国家领导人多次在重大场合上明确提出,中央政府支持澳门特区政府严格按照《澳门基本法》办事,成功落实"一国两制";同时希望澳门特区促进经济适度多元发展,大力发展旅游、会展、金融、文化创意等现代服务业,规范博彩业适度有序发展,努力把澳门建设成为世界旅游休闲中心。这可视作中央政府委托澳门特区政府的两项代理责任:一是成功落实"一国两制",发扬爱国爱澳精神;二是努力推动经济适度多元化发展,打造世界旅游休闲中心。无论谁出任行政长官,都没有"说不"的权利,所以,中央委托代理机制将对澳门特区政府构成刚性的外生动力。

其次,大规模外来直接投资将促进本地经济发展,从而增加政府税收和解决失业,这些利益足以构成压力临界点,是构成特区政府外生动力的根本因素。政府不可能不作为,因为它承受不了外资撤出市场而引发的经济衰退、社会动荡、政治压力;同时,政府也要针对大规模引进外来投资而产生的内部性冲击进行协调改革。

再次,外部性冲击——经济危机和周边地区开赌,目前未必构成压力临界点,但经济危机爆发、周边地区开赌的潜在威胁和不可预计,将对特区政府构成"预则立,不预则废"的外生动力。

最后,国际组织协议主要是一种制度压力,属于一种集体软约束。目前来看,国际反洗黑钱协议对澳门特区政府影响较大,这主要与早前被美国指责澳门汇业银行替朝鲜政府洗黑钱事件有直接关联,加上澳门以经营博彩业为主,故洗黑钱问题有可能对特区政府构成多次压力临界冲击而产生外生动力。此外,澳门要打造成为一个世界旅游休闲中心,与国际接轨是必然的选择,而随着国际环境的变化,相关的国际组织协议也会相应做出修订,对澳门将起到长期的拉动作用。

对本土企业而言,大规模外来直接投资产生的竞争压力、制度压力,将构成压力临界冲击,首当其冲的是市场份额的重新分配,其次是营运游戏规则的重新厘定,这将促使本土企业产生抵抗性的外生动力。外部性冲击中影响较大的是周边地区开赌,尤其是台湾澎湖岛开赌,由于客源相同,区位接近,有很大可能影响到澳门亚太博彩中心地位。从短期来看,这不足以对本土博彩企业构成压力或临界冲击;但从长期来看,这种冲击是存在而显著的。所以周边地区开赌对本地博彩企业将构成长期维持竞争优势的外生动力。至于经济危机,尽管2008年的国际金融危机对澳门的冲击、影响短暂而轻微,未触及临界冲击,但不能就此认为澳门具有防范经济危机冲击的免疫力。相反,澳门需要加强防范经济危机冲击的能力。原因在于澳门的经济支柱产业(博彩业)已由多间跨国企业掌控,而这些跨国企业最容易成为冲击对象,澳门也将成为传染目标,故短期内不能形成外生动力;但长期而言,对企业将构成做好应对经济周期、技术创新的外生动力。相对而言,国际组织协议、中央委托代理机制对本土企业的影响较不完全。国际组织协议的冲击来自制度。澳门加入了不少国际性组织和签署了不少公约和协议,目前有关反洗黑钱的国际性协议对澳门影响较大。原因是澳门作为亚洲博彩中心,资金进出容易,反洗黑钱活动将对特区政府构成一定的压力或临界冲击,但对企业未必构成压力临界点,所以它不会对本地企业构成外生动力。至于中央委托代理机制,尽管博彩业目前高度依赖内地客源的发展模式对国家利益构成负面影响,但相信本地博彩企业不会基于国家利益考虑而损害自身利益最大化,故中央委托代理机制对本地企业影响有限,短期内未必可以构成外生动力。

(三)耦合动力

杨屹等运用动力耦合模型的技术跃迁模式对铁路企业进行实证分析,得出动力因素之间的耦合不仅关系着企业技术跃迁的实现,而且直接决定自主创新能力的提升与否。本文在此基础上,结合澳门发展特点,构建出一个优化动力耦合模型。

1. 动力耦合机理

在某一制度竞争环境既定时期 i 内,设优化跃迁状态为 O_i,外部动力因素、内部动力因素、机会动力因素分别表示为 X_i、Y_i、Z_i。各动力因素之间的耦合度函数为:

$$O_i = f(X_i, Y_i, Z_i)。 \tag{1}$$

优化跃迁状态的实现是由 X_i、Y_i、Z_i 三维变量所决定（图6）。

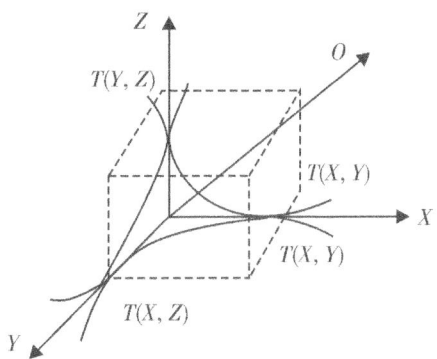

图6 优化跃迁状态边界条件

2. 优化动力耦合模型的建立

本文将优化跃迁各动力因素间的相互耦合关系作为一个复合系统来考虑，即

$$\begin{cases} X_i = \mathrm{d}T_x/\mathrm{d}t = f(x_i) \\ Y_i = \mathrm{d}T_y/\mathrm{d}t = f(y_i) \\ Z_i = \mathrm{d}T_z/\mathrm{d}t = f(z_i) \end{cases} \quad (2)$$

X_i、Y_i、Z_i 相互影响，任一子因素 x_i、y_i、z_i 的变化会导致 X_i、Y_i、Z_i 的变化；反之，X_i、Y_i、Z_i 的任一变化也会导致 x_i、y_i、z_i 的变化以及优化跃迁状态的变化。由上分析可见，任一动力因素的变化都依赖于任一子因素，而最终表现为优化状态的整体提升。因此，动力因素间的耦合为：

$$\begin{cases} O_1 = \mathrm{d}X_i/\mathrm{d}t \\ O_2 = \mathrm{d}Y_i/\mathrm{d}t \\ O_3 = \mathrm{d}Z_i/\mathrm{d}t \end{cases} \quad (3)$$

单一区域实现技术跃迁的动力耦合 O_c 可视为 O_1、O_2、O_3 的函数，即 $O_c = f(O_1, O_2, O_3)$。由于 O_1、O_2、O_3 是相互影响的，任一动力因素的变化都将导致优化跃迁的变化，这样就可以把 O_c 作为耦合变量，通过分析 O_c 的变化来研究动力因素之间的耦合关系。

澳门优化动力耦合机制的分析。由图7可见，假设"一国两制"50年不变；中央政府与特区政府的委托代理机制不变，特区政府与企业的委托机制不变；中央政府以国家利益为优先考虑，特区政府以特区利益为优先考虑，企业以自身利益最大化为优先考虑，考虑均属理性；外来直接投资增长不变，周边国家开赌态势不变，澳门特区加入的国际组织和签署的协议不变。在内外压力下，经过多番博弈，压力经过临界冲击、合成作用转化为动力，而企业、特区政府产生出的内生动力和外生动力，在市场机制和委托代理机制下，将产生耦合作用；加上国家"十二五"规划、CEPA、横琴开发、南沙开发、中葡贸易平台等有利于澳门发展的契机出现，满足了动力耦合条件而创造了优化跃迁状态，最终实现了优化动力耦合。

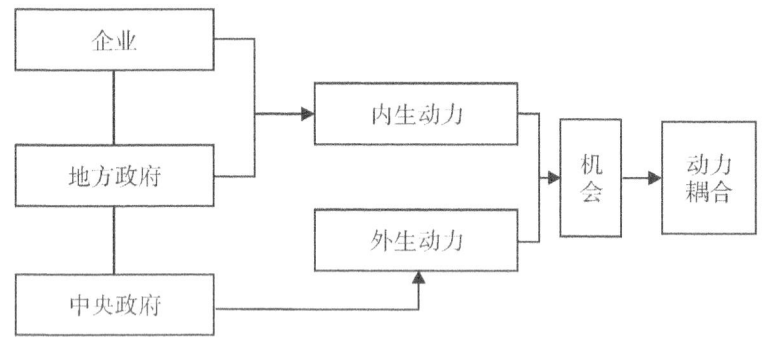

图7 动力耦合机制

四、产业结构优化动力机制的构建

（一）产业结构优化动力的传导机制

澳门产业结构的优化动力传导路径为：压力→动力→合力→契机→动力耦合。传导机制为：市场竞争机制与委托代理机制之间互相博弈。压力→动力：由内部压力和外部压力组成，因压力临界冲击促使内部压力转化为内生动力、外部压力转化为外生动力，基于自身利益考虑，通过多回合博弈，政府和企业最后合成动力。合成动力→耦合动力：基于发展契机的出现，从而满足了动力耦合条件而创造了优化跃迁状态，最终促使政府与企业之间的耦合动力发生。

由表5可见，在各种压力因素下，澳门渐渐形成优化动力传导机制，并通过事件的观察与政府、企业的行为进行检验。①楼价飙升已使社会强烈要求特区政府复建经济房屋和控制楼价至合理水平，同时产生通货膨胀问题，故楼价飙升产生的压力临界冲击对政府、企业的动力传导明显。②制度设计缺陷对经济适用性、社会适用性产生的压力冲击，对特区政府的动力传导明显，但对企业的动力传导不明显，至少负责任博彩、病态赌博等问题在博彩企业看来是十分被动的。③赌权开放对产业结构失衡、博彩业竞争和病态赌博的压力临界冲击，已构成特区政府和企业的动力传导，而且十分明显。例如，特区设立博彩中介人制度、规范进入赌场和在赌场工作及博彩的条件、设立多间病态赌博治理中心、实施三个中小企业融资援助计划等和施政报告中落实产业结构优化的方针；博彩企业之间爆发码佣战、庄荷挖角潮、发财巴士免费接送服务等。④劳动力短缺产生的压力临界冲击对政府和企业的动力传导明显，如政府专设人力资源办公室制定人力资源政策、加快审批中小企业外劳输入等，企业在劳动力不足情况下缩减营业时间或结业。⑤大规模外来直接投资产生的压力临界冲击对政府、企业的动力传导明显，澳门金融管理局为此新修订《预防及打击透过保险活动清洗黑钱及资助恐怖主义操作指引》，而企业之间通过"高薪挖角"互相挤占。⑥外部性冲击中的经济危机、周边国家和地区开赌所产生的压力未达临界冲击；对政府的动力传导有限，在应对 2008 年国际金融危机上特区政府仅提供一项措施——宣布对澳门银行所有客户存款提供全面保障；对企业的动力传导也有限，仅发生一宗跨国公司传染效应——美国金沙集团因融资困难而影响到澳门金光大道第五期、第六期工程。⑦国际组织协议中反洗黑钱组织等的压力临界冲击对政府的动力传导明显，对企业则不明显。⑧中央委托代理机制产生的压力临界冲击明显对政府的动力传导完全，对企业则不明显。

综上所见，楼价飙升、制度压力、赌权开放、劳动力短缺、大规模外来直接投资、外部性冲击、国际组织协议、中央委托代理机制都对政府、企业产生了不同程度的压力冲击（临界点或非临界点），形成不同程度的动力传导。总体而言，市场竞争机制、政府委托代理机制是构成动力传导机制的主要因素。目前，构成澳门市场竞争机制的主要因素有楼价飙升、赌权开放、劳动力短缺、大规模外来直接投资、外部性冲击，构成澳门政府委托代理机制的主要因素有制度压力、国际公约协议、中央委托代理机制。本文认为，影响澳门市场竞争机制的主要因素随经济环境的变化而变化，而影响中央委托代理机制的主要因素相对稳定。

（二）澳门产业结构优化动力机制的构建分析

1. 社会共识

澳门经济未来要朝适度多元化发展已基本在社会上取得共识。无论是学术界、商界、社团，还是政府，都认为澳门没有条件发展多元化的产业结构，但具备条件发展适度多元化。特区政府在多份施政报告中明确提出了"以优化产业结构达致经济适度多元化发展"的思路，学术界则提出"横向多元"、"垂直多元"两大优化方案。尽管尚未能进一步达成对如何优化的共识，但社会形成适度多元发展的共识基础将构成政府产业结构优化动力机制的必要条件。

2. 产业结构优化动力与压力临界冲击

综上所述，政府、企业的动力传导机制主要与市场竞争机制因素中的楼价飙升、赌权开放、劳动力短缺、大规模外来直接投资、外部性冲击和政府委托代理机制因素中的制度压力、国际组织协议、中央的委托代理机制有关。对产业结构优化动力而言，它主要受到赌权开放（内生压力）、大规模外来直接投资（外生压力）、中央的委托代理机制（外生压力）的压力临界冲击。对政府而言，赌权开放、大规模外来直接投资、中央的委托代理机制产生的压力临界冲击构成的动力传导机制明显；对企业而言，赌权开放、大规模外来直接投资产生的压力临界冲击构成的动力传导机制明显。在动力传导机制下，政府、企业自身产生的内生动力和外生动力，在经济适度多元发展的社会共识上和产业结构失衡下产生动力合成。而导致产业结构优化动力合成的主要原因是属于内生压力的赌权开放和属于外生压力的大规模外来直接投资，在压力临界冲击下，由于本身制度设计严重缺陷而导致市场竞争机制失灵，致使市场秩序混乱和结构失衡，加上在中央的委托代理机制约束下，倒逼政府认真履行委托代理机制并加速运作，从而形成产业结构优化动力。

表 5 "一国两制"下澳门产业结构优化的动力机制与模型分析

项目		社会关注	政府反应	企业反应	动力传导
内部压力	高楼价	打击炒楼，复建经济房屋	2007年4月3日特区政府冻结固定资产投资移民计划；2012年兴建19000套经济房屋；房地产中介业务加价；特别印花税	由通货膨胀可见，企业将成本上涨透过加价转嫁给消费者	政府、企业传导明显
	制度	社会关注负责任博彩，保障工人权益	第7/2008号法律《劳动关系法》2008年8月实施；规范进入娱乐场和在其内逗留及博彩的条件；连同澳门大学博彩研究中心推广负责任博彩活动；未就最低工资立法展开咨询	博彩企业对负责任博彩、病态赌博等反应被动	政府传导明显，企业传导不明显
	赌权开放	产业结构失衡，博彩业竞争，病态赌博	2002—2010年的行政长官施政报告都将产业结构优化纳入施政重点，并相继发展物流业、会展业和文化创意产业、中医药业；设立博彩中介人制度①；门特别行政区社会工作局志教轩问题赌博辅导中心；澳门社会服务处；设立问题赌博预防机构：澳门工会联合总会北区综合服务中心、澳门工商联合会、澳门天主教美满家庭协进会、澳门工会新青年协会、澳门义务青年会、澳门基督教青年会、鲍思高青年服务网、中华新青年协会	博彩企业之间面临巨大的竞争压力，爆发码佣战②，庄荷被挖角，发财巴士免费接送服务	政府、企业传导明显
	劳动力短缺	中小企业经营困难	第116/2007号行政长官批示设立人力资源办公室，增加中小企业扶助（参见第五章），加快审批中小企业外劳名额	企业同业相孖占，要求政府输入外劳	政府、企业传导明显

① 第6/2002号行政法规，订定从事娱乐场幸运博彩中介业务的资格及规则。其后第27/2009号行政法规修改第6/2002号行政法规关于博彩中介人的资格或其他报酬的支付的规定。

② 早先赌场咨码的码佣为0.7%～0.8%，但从2004年起，在外资大规模进军博彩业下，各家赌场的码佣相继提升。近半年前，新濠博亚旗下的皇冠酒店赌场引入澳玛国际（AMA），独家经营其贵宾厅的咨码行业务，从泥码转码数中抽取1.35%的佣金。2008年7月8日，澳门特区财政司司长谭伯源宣布短期内将制定行政法规规范码佣上限为1.25%，不守法者将构成行政违规违法处罚款，并公开其违规情况及处分。

续表 5

	项目	社会关注	政府反应	企业反应	动力传导
外部压力	外来直接投资	外来竞争，黑钱流入	澳门金融管理局新修订《预防反打击透过保险活动清洗黑钱及资助恐怖主义操作指引》（第2/2006号法律）	瓜分市场，设立新的营商规则，同时推高租金、工资	完全传导
	外部性冲击	周边国家和地区开赌和经济危机	对澳门银行所有客户存款提供全面保障	跨国公司传染效应——美国金沙集团因融资困难而影响到澳门金光大道第五期、第六期工程	传导有限
	国际组织协议	合共273条，涵盖24个大类	与国际组织协议对应的行政长官涉外公告同样涵盖24个大类，共314条	没有察觉企业因为国际组织协议变动而做出具体行动	政府传导明显，企业传导不明显
	中央政府的委托代理机制	要求特区政府严格按《澳门基本法》办事，成功贯彻"一国两制"；经济适度多元发展	《澳门基本法》第23条立法，即《维护国家安全法》（第2/2009号法律）；中医药科技产业园	企业反应一般	政府传导明显，企业传导不明显

3. 发展契机与优化跃迁状态、优化动力机制

社会共识、发展契机是构成澳门产业结构优化动力机制的必要、充分条件。由图8可见，澳门被纳入国家"十二五"规划，这必定有助于政府、企业的内生动力、外生动力的合成作用，但不排在动力耦合过程中政府与企业之间形成多次博弈。一旦中央政策具体出台，如横琴开发、南沙开发、CEPA、中葡经贸平台等重大发展契机呈现下，利益最大化考虑将使政府、企业之间的博弈从对抗性转为合作性，而迅速进入动力优化跃迁状态，这很大程度上基于"机不可失"的理性选择。在委托代理机制下，机遇与挑战将促使政府推出具激励性的产业政策，市场竞争机制也被激活，形成澳门产业结构优化动力机制。

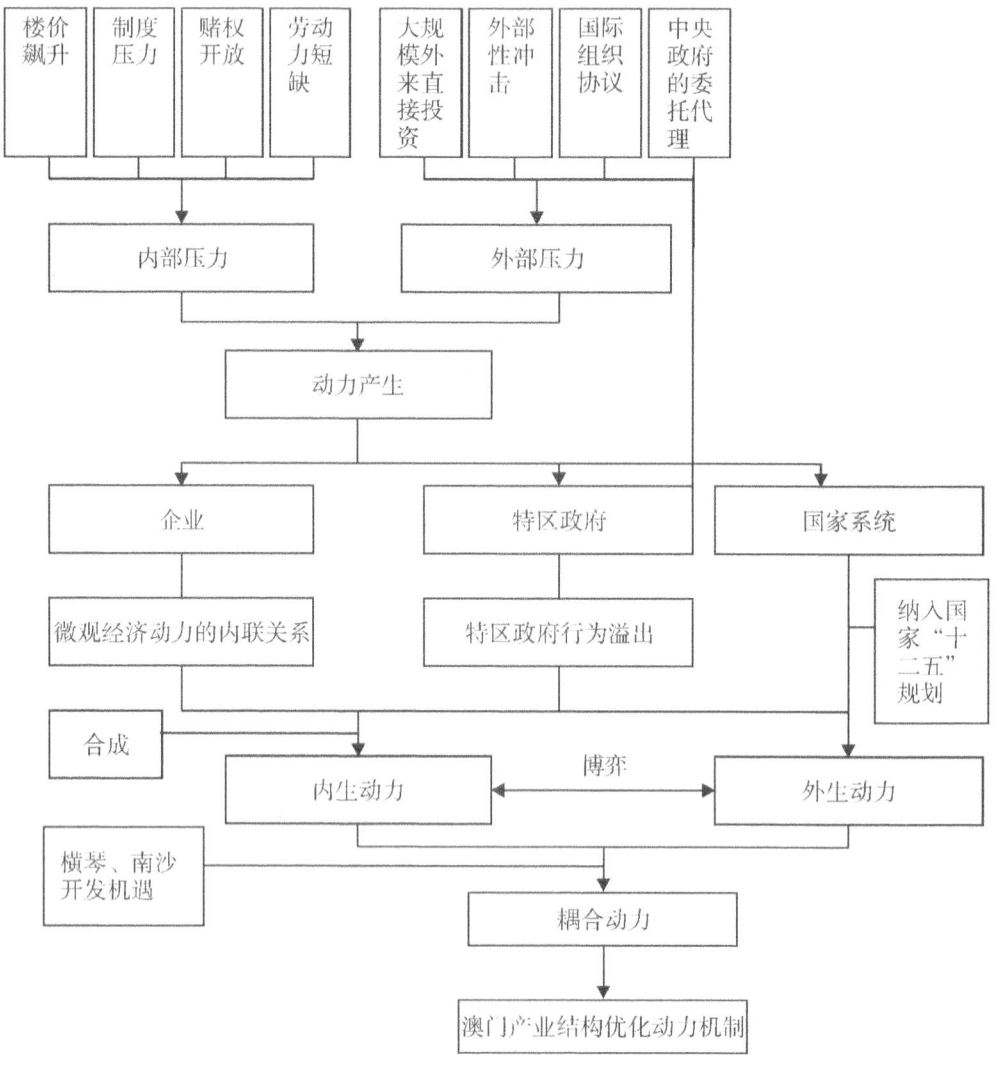

图8　澳门产业结构优化动力机制的构建

4. 挤占效应、马太效应对优化动力机制的正反影响

在博彩业"一业独大"下,对社会经济的冲击不同程度地形成挤占效应和马太效应。从目前的研究来看,挤占效应主要是指博彩业在大规模发展下,利用自由市场竞争机制,向不同行业抢占人力资源,由于中小企业财力相对薄弱,成为被挤占的重灾区。马太效应主要是反映澳门赌权开放的发展失衡,博彩业发展规模越大,利润越丰厚;相反,中小企业发展萎缩,利润微薄。社会贫富差距问题日益突出。①

从正面来看,挤占效应、马太效应对产业结构优化动力机制有一定的促进作用。首先,挤占效应、马太效应的产生属于一种资本垄断、剥削现象,与当前重视以民为本的发展态势显然格格不入。在中央委托代理机制约束下,澳门特区政府有不可推卸的责任去改变这种发展失衡格局。某种程度上,挤占效应、马太效应的产生倒逼着特区政府想方设法优化产业结构。其次,挤占效应、马太效应的产生某种程度上是特区政府为改革赌权而政策倾斜的结果,它所挤占的不仅是经济资源,还有社会资源和政治资源;它所扩大的不仅是贫富差距,还有阶级矛盾。所以,它们产生的不只是简单的经济问题,还是深层次的社会问题,如2007年的欧文龙事件更触及高层政治问题。这种连带影响使澳人治澳有了根本性的改变,市民不再盲目顺从政府所为,社会更泛起监督政府不作为的风气。可见,由挤占效应、马太效应产生的社会钟摆效应已对特区政府优化产业结构产生临界压力。在中央委托代理机制与澳人治澳下,这对产业结构优化机制有一定的促进作用。

从反面来看,挤占效应、马太效应使特区政府在产业政策调适上十分被动,甚至陷入两难局面。表面上,挤占效应是自由市场竞争的结果;实际上,它并非完全的自由市场调节的结果,而是特区政府政策倾斜的结果。在整个挤占效应形成的过程中,政府和博彩企业成为赌权开放的最大利益分配者。正因为政府与企业有着利益捆绑,甚至存在资本串联权力的发展关系,使政府在产业政策调适上十分被动,一时间无法扭转政策向博彩业倾斜的刚性做法。而马太效应是挤占效应的结果。所以说,挤占效应、马太效应客观上已形成了产业结构优化动力的反作用力,主要是受到利益捆绑和资本串联权力的影响所致。反作用力有多大?从特区政府在楼价高企、外劳泛滥、游客充斥、通货膨胀居高不下、放任汽车增长等重大问题上的取态,就可知道反作用力有多大。根据本人的观察研究所得,特区政府在面对这些重大问题所引发的强烈社会反弹时,基本上都采取避重就轻的策略,就是动用庞大的财政储备(银弹策略)化解社会怨气和矛盾,如现金分享计划、就业补贴、兴建公共房屋、15年免费教育等五花八门的社会福利政策,以应对挤占效应、马太效应产生的钟摆效应压力,而不是采取源头根治的做法。

从正反两方面来看,挤占效应、马太效应存在抵消政府优化产业结构的动力的可能性。本文认为,2002—2009年,挤占效应、马太效应由产生到形成固化现象,基

---

① 根据近期一份研究报告指出,2011年的基尼系数为0.39,与2005年持平,较2010年的0.34高出14.7%(参见柳智毅:《澳门经济与居民收入分配研究》,澳门经济学会2013年版,第52页)。

本上完全挤占了政府优化产业结构动力；2010年至今，自行政长官崔世安上台推出阳光政府后，加上国家"十二五"规划将澳门纳入发展规划，挤占效应、马太效应与产业结构优化动力处于博弈胶着状态。一方面，最近推行负责任博彩、未满21岁禁止进赌场、赌场内吸烟等事件，显示挤占效应在减弱；另一方面，粤澳启动中医药产业发展基金，显示优化动力在加强。自中共十八大后，国家政治结构有明显的调整，国家主导的反垄断反腐败力量崛起，相信这会影响澳门特区资本串联权力的制度安排。届时，政府优化产业结构的动力将超过挤占效应和马太效应，澳门产业结构优化动力机制将有效启动。

5. 澳门产业结构优化动力机制的运作

从目前形势来看，内部压力、外部压力对特区政府优化动力的临界点冲击越来越频繁，尤其我国国家政治力量的崛起，将使中央委托代理机制运作更加到位，结合社会对产业适度多元发展的共识，由特区政府主导的产业结构优化动力机制已启动。但启动的步伐并不大，这与博彩业"一业独大"产生的挤占效应、马太效应的阻力有关，政府政策因过去过度倾斜而无法及时做出调适。然而，政治格局的改变，一定会打破资本串联权力的制度安排。未来两三年内，由特区政府主导的产业结构优化动力机制将有效开展。首先，博彩业的反洗黑钱、中介活动（叠码）、客源单一将是优化对象；其次是房地产业，公共房屋将是优化对象；再次是中医药业，这是国家"十二五"规划的重点发展项目；最后是运输业，提高汽油车入口税，同时加大补贴电动车投入。在整个优化动力与阻力的博弈过程中，中央委托代理机制在产业结构优化动力机制的有效运作中将发挥举足轻重的作用。

五、小　　结

基于动力机制与优化发展模式的逻辑关系的理解，结合澳门发展的自身特点，利用压力与动力的传导作用，通过动力合成、优化跃迁状态边界条件、动力耦合机制，本文构建出澳门产业结构优化动力机制，并得出以下结论：

第一，目前，楼价飙升、赌权开放、劳动力短缺、大规模外来直接投资、外部性冲击和委托代理机制因素中的制度压力、国际组织协议、中央政府的委托代理等构成澳门内生压力与外生压力的主要因素，也是形成内生动力、外生动力的主要因素，并指出产业结构优化动力与赌权开放（内生压力）、大规模外来直接投资（外生压力）、中央的委托代理机制（外生压力）的压力临界冲击有直接关系。

第二，在赌权开放、大规模外来直接投资的压力冲击下，澳门本身制度设计的严重缺失是促使政府、企业之间动力合作的主要原因。

第三，社会共识和发展契机是构成产业结构优化动力机制的必要、充分条件。

第四，国家"十二五"规划、横琴开发、南沙开发、CEPA、中葡经贸平台等重大发展契机是促成政府、企业迅速进入优化跃迁状态与形成优化动力机制的根本原因。

第五，在中央与特区的委托代理机制下，澳门被纳入国家"十二五"规划，其产业结构优化动力机制将发挥积极作用。

第六，挤占效应、马太效应对产业结构优化动力有正反两面影响：从正面而言，它促使社会动起来监督政府推动经济适度多元发展；从反面而言，它促使政府与博彩业利益捆绑，产生资本串联权力的优化产业结构阻力。但从目前的政治发展态势看，挤占效应、马太效应将被社会力量打压，由政府主导的产业结构优化动力将有效启动。

参考文献

[1] 范守信. 压力动力：中国改革深化的能源 [J]. 社会科学, 1999 (1)：43-46.

[2] 姜文仙. 区域协调发展的动力机制研究 [D]. 广州：暨南大学, 2011.

[3] 邱立成, 殷书炉. 外资进入、制度变迁与银行危机——基于东中欧转型国家的研究 [J]. 金融研究, 2011 (11)：115-129.

[4] 王军. 完善经济发展方式转变的动力问题研究 [J]. 理论学刊, 2009 (9)：54-59.

[5] 王伟光. 利益论 [M]. 北京：中国社会科学出版社, 2010：171.

[6] 杨屹, 宋炜, 党兴华. 基于动力耦合模型的技术跃迁模式——来自铁路企业的实证分析 [J]. 中国软科学, 2008 (9)：140-147.

[7] 钟清流. 推动经济发展方式转变的动力机制分析 [J]. 理论导刊, 2010 (4)：24-28.

[8] Feder G. On Export and Economic Growth. Journal of Development Economics, 1982 (12)：59-73.

[9] Zucker L G. Institutional Theories of Organization. Annual Review of Sociology, 1987 (13)：443-464.

作者单位：澳门理工学院一国两制研究中心

澳门华商何贤研究述评

胡 芸 夏 泉

摘 要：享有"澳门王"、"华人澳督"之称的何贤先生，是澳门乃至中国现代史上著名的实业家、社会活动家。何贤传奇的一生对澳门社会的繁荣稳定、中葡经济文化交流以及中国内地的社会经济发展做出了重要贡献。迄今学界围绕何贤的生平传记、商业经营策略、社会活动和慈善贡献诸方面展开的研究，业已取得一定的学术进展。但总体而言，学界对于何贤的研究仍较薄弱，史料挖掘不足，研究成果不仅数量少、内容单一，而且大多数论著尚不是严格意义上的学术研究，一些领域亦少人问津，对何贤的研究仍有较大学术空间。本文在总结归纳有关何贤研究论著的基础上，对拓展何贤研究提出一些新思路，以期推进何贤研究的深入开展。

关键词：何贤；澳门；华商；研究综述

何贤（1908—1983），广东番禺人，澳门著名实业家、社会活动家，曾任澳门大丰银行董事长、澳门中华总商会会长、澳门立法会副主席、全国政协委员、全国人大代表、澳门镜湖医院慈善会主席、澳门东亚大学校董事会主席等职。商人出身的何贤早年即以突出的商业天赋崭露头角，后成为澳门工商业巨子。在抗战时期和新中国成立后，何贤还凭借其卓越的社交才能多次为澳葡政府和市民化解危机，是澳门社会公认的"华人代表"、"华人澳督"。他热心教育、慈善、文化、公益等社会事业，以满腔爱澳爱国之心，为澳门经济社会发展、祖国现代化建设做出了重要贡献。何贤在澳门具有崇高的政治地位，享有广泛的社会声誉。对于这样一位威望崇高、影响颇大的著名华商，学界业已展开研究，取得了一定的学术成果。笔者拟就目前视野所及的何贤研究成果进行简要梳理与概述，以期推进何贤研究的深入开展。

1983年何贤逝世后，学界即着手对其进行研究。但总体而言，20世纪90年代前，除了1983年逝世时的集中报道外[①]，对何贤的研究近乎空白，直至1990年赵荣芳撰《何贤生平》的问世才渐渐改变这一局面。澳门回归前后，作为首任特别行政区长官何厚铧之父的何贤开始受到学界的高度重视，相关研究掀起了一个小高潮，如1999年关振东与赵树荣合著的《何贤传》由澳门出版社出版；进入21世纪，在何贤诞辰100周年和澳门回归10周年前后，何贤研究又得到了进一步的拓展。迄今，中国国内学界研究何贤的论文（含专访）有近30篇，其中20世纪80年代2篇、90年代11篇，21世纪初16篇，还有专著5本，内容涉及何贤生平、企业经营策略、政治活动以及作为爱国商人在社会实业、慈善、文教、公益诸领域的贡献，从不同视角对何贤的爱国、爱澳思想及其政商实践进行了初步探讨。

---

① 现笔者收集到的期刊论文有两篇：1984年谢添顺发表的《深切怀念何贤会长》和1989年陈笠发表的《澳门银行同业公会》。

一、有关生平传记的研究

何贤充满传奇色彩的一生和多领域的贡献,业已成为学界研究的对象。只念过3年私塾的何贤13岁即出外谋生,16岁当上掌柜,21岁与人合办汇隆银号。1938年10月,日军攻陷广州,何贤将银号搬至香港。1941年12月,太平洋战争爆发,香港被日军占领,他转至澳门发展,此后一直留澳创业。居澳期间,他不仅将其事业经营至顶峰,还积极参与解决澳门社会问题,热心发展澳门社会事业,结交社会各界名流,并与他们一道积极参加、支持中国革命和建设,为祖国和家乡的兴盛以及澳门的安定繁荣与平稳过渡做出了重要贡献。

对于何贤的这些不凡经历,最早论述的专著是《何贤生平》。该书由何厚铧作序、政协广东省中山市委员会文史编辑委员会出版,是赵荣芳(1990)先生经过两年多的资料收集、深入调查、访问与研究构思的成果。作者以10个章节叙述了"一个热爱祖国、热爱家乡、热心于民众慈善福利事业的社会活动家"的非凡人生,着重从"在澳门创办企业"、"热心支持文化教育事业"、"在澳门办慈善事业"、"排忧解难的鲁仲连"、"华人的澳督"和"桑梓情谊深"等方面,肯定何贤对澳门社会稳定发展和祖国现代化建设的贡献,尤其详细概述了他对祖国现代化建设的贡献。该书还从"四次遇险"、"处世的风度"两个角度,称赞何贤宽大为怀的人格魅力与以和为贵的处世风范,并在最后一章"永恒的纪念"中谈及何贤成功的家庭因素。全书总结系统,条理清晰,叙述简略;但书中列举事例多发生在新中国成立后,对于之前何贤的生平事例几乎没有展示和说明,这或许是该书的不足。

相比《何贤生平》,另一本传记《何贤传》对何贤生平事迹有着更为详细的叙述。该书由全国政协副主席马万祺题词、梁披云题签、著名作家关振东与澳门历史学会副理事长赵树荣合著,1999年澳门出版社出版。《何贤传》侧重记载何贤一生经历的重要事件,按照时间顺序,以丰富翔实的18章内容见证何贤的传奇人生,同时分析这些经历对何贤成功的影响。虽然该书在系统性上稍逊色于《何贤生平》,但对何贤人生各阶段的叙述却极其详细、完备,尤其对何贤葬礼的详细叙述,"足见他在澳门各界人士心目中的'王'者地位"。《心存祖国 功在社会——喜读〈何贤传〉》一文对此书给予了较高评价:该书不仅"记录了港澳著名爱国者何贤先生波澜壮阔,充满传奇色彩的一生",还"反映了自20世纪30年代至80年代,澳门半个世纪风云变幻的历史",且"从不同角度刻画了何贤先生伟大的人格,及其崇高的爱国主义精神。具有史料性和可读性,是一部具有较高历史学术价值的著作"(贺朗,2000)。

关于何贤生平事迹的研究,《何贤传》与《何贤生平》可谓集大成者;一些研究何贤的论文,多借鉴两书,围绕其中内容展开,只是研究侧重点不同。例如,芮立平(1999)撰文从"起家"、"华人代表"、"澳门最高代言人",到最后的"晚年",侧重叙述何贤一生显赫的社会地位;吴建升(2008)从商业上的"初试身手"、"一举成名"和发家后的"为民请命"、"至交柯麟"两个阶段,着重突出何贤爱国实业家的身份以及他为民请命、兼济天下的精神;吴楠、金华(2009)将何贤一生的传奇、命运的转折归结为五个不凡经历:"立足澳门"、"至交柯麟"、"为民请命"、"兼济天下"和"后继有人";陆蓉(2009)则认为何贤作为澳门真正的强人,其"强"主要表现在"鸿记创业大丰扎根"、"解危困智斗日特务"、"复兴澳门援助祖国"、"华人代表深得民心"四个方面。

由上可见,无论是传记性的专著,还是专访式的论文,目前学界对何贤生平事迹的研究业已取得一定的学术成果。这些生平事迹研究的共同特点,是从何贤在澳门的稳定、地位提高和社会贡献三方面概述其生平的重要事件,以此突出其杰出才干、人格魅力和爱澳爱国精神。此外,不得不提的一本专著是澳门星光书店有限公司出版的《何贤与我形影的生活》,这是目前为止何贤研究中十分珍贵的回忆录。因其作者是跟随何贤28年的贴身保镖,此书具有非常重要的史料价值。作者在书中展示了一批其在1955—1983年间担任何贤护卫员时所珍藏的珍贵的何贤生活照,着重叙述其受雇的经过、何贤需要护卫的原因以及在保护何贤过程中的方法、所见所闻,披露了许多有关何贤鲜为人知的事迹,彰显何贤不耻下问、重视诺言、礼贤下士、仁爱、高瞻远瞩的精神,称赞何贤先生"身于荆棘的社会中,踏足于崎岖的道路上,为国家、澳门正义的事业,留下永不磨灭的足迹",尽管他去世已有20周年,"可是,昔日他在澳门的光辉,至今仍在人们的心坎中闪耀着"(黄子雅,2005)。

二、有关商业经营策略的研究

何贤凭借个人的远见卓识、超人胆略和丰富的从商经验,常常能在关键时刻把握商机。在居澳的40余载生涯中,何贤经历了时局动荡的抗日战争时期和"冷战"时期,却始终保持了其在澳门工商业的稳固地位。作为这样一名经历独特、天赋异禀的澳门华商,他的商业经营策略逐渐进入学人研究的视野。

《澳门著名实业家何贤的经营策略》一文对居澳期间何贤的商业经营策略进行了较为详备、深入的探讨。论文认为何贤之所以能在"利益错综复杂、各种势力彼此消长"的澳门获得成功,使企业继续发展,是因为他具有五种独特的商业经营策略:积极斡旋于各种社会势力之间;官商结合,取得"专利权";以大丰银行为支柱,构建多元化的家族企业;积极投身社团,扩大影响,为企业服务;投资公益事业建设。论文还简要分析了这些经营策略的三大特点:极力周旋于各种社会势力之间,左右逢源;带有中国传统商人色彩的经营方式;多元文化的影响,视野开阔。以上原因使何贤不仅成功构建起澳门著名的何氏家族企业,而且还为维护澳门社会经济的繁荣稳定以及加强中葡两国经济文化交流做出了重要贡献。论文还注意到其商业经营策略存在的不足:何贤选用掺杂了封建宗派、等级观念意味的家族式企业经营管理模式,何氏家族缺乏一套完整的企业监督制度;何贤过于信任合作伙伴,所以未能将其家族企业向企业家族转型，并纳入现代企业开放式经营管理的新轨道。直到经过其子何厚铧的改造，才重新萌发了何氏家族企业发展的生机（杨小帆、林杨东，2003）。也有学者认为"何贤父子经营金融业务，同时极有远见地选择公益事业作为自己的事业基础，经营有方，深得人心"，其热心公益、沉稳应变，最终取得了事业上的巨大成功。其遗留给后人的经商准则是"干事业选准目标是最关键的"（向阳，2003）。

三、有关社会政治活动的研究

抗日战争以来，在澳门近半个世纪的风云变幻中，何贤凭借其杰出的才干和善于抓住时机的睿智，逐渐成为澳门社会具有重要政治地位和广泛社会影响的著名人物，其丰富的社会政治活动成为研究者关注的重点。对政治活动的积极参与、民众纠纷的解决、经济实业的支持、文化教育事业的贡献以及公益慈善事业的热心，是何贤社会政治活动的多个侧面。

何贤与澳门当地政商要人甚至澳督都有着密切的交游，并多次参与化解涉及澳门的政治危机。不仅如此，何贤还与周恩来、廖承志等中共领导人交好，并尽力在战争与和平年代保持澳门与内地的紧密联系。学界一致认为其对稳定澳门社会、加强中葡经济文化交流做出了重要贡献。澳门本身是个"由葡萄牙人、土生葡人、在澳出生的华人居民以及来自中国内地的新移民"组成的"多元族群的移民社会"，加上20世纪世界时局的不稳定，发生过不少动乱事件。其中，影响颇大的是1966年"因为种族问题，导致澳葡当局派出军警镇压，造成8人死亡、212多人受伤"的"一二·三"事件（邵宗海，2011）。芮立平（1999）以何贤调解"关闸事件"、痛斥"一二·三"事件中澳葡当局的罪行等事件为例，充分说明何贤具有"中共代言人"的地位，成为澳葡当局与中国政府沟通的桥梁。何贤原系国民党澳门支部三委员之一，自转向支持中国共产党后，便成为国民党驻澳势力的眼中钉与暗杀对象。曾珅（2009）通过回忆何贤对待行刺凶手的宽容态度，凸显了何贤慈悲为怀、气吞四海、广结善缘的气魄。汪雯、蒋乐进（2010）则认为何贤之所以多次遭暗杀，是因为他已成为知名的爱国人士，其根深蒂固的爱国言行深深影响着澳门社会。对于何贤积极参与政治活动、能远见卓识地转变政治取向的原因，吴跃农（1999）认为，这"是与另一个重要级人物有关，这就是地下党员柯麟"，柯麟是对何贤影响最大的人；此外，澳门华商马万祺、柯麟之弟柯正平对其也产生积极影响。李永军（2010）还具体介绍了柯麟影响何贤的几件小事，以资说明柯麟的高尚品德对何贤思想、政治取向、慈善心怀和社会活动的深刻影响。

何贤对民众纠纷的解决和在经济实业、文化教育事业以及公益慈善事业上的贡献，是其深得人心、为后人认可缅怀的重要原因，也始终是学界研究的重要关注点。不仅在与何贤有关的传记论著中对此有详细的叙述，而且在番禺、南海、顺德、佛山等地的地方性文史资料中也有不少详细内容。何贤仗义疏财、乐于助人，是澳门社会善于排难解纷的"鲁仲连"、"华人代表"。不论是普通老百姓还是财团大亨,大家有事都会找何贤帮忙。芮立平(2000)认为,正是何贤疏爽、好交游和乐于助人解忧的性格,才使其成为澳门热心的"华人代表"。《番禺日报》(2011)刊发文章称赞何贤对家乡农业、医疗、公共设施建设、教育等领域的资助,还积极带动海外华侨对番禺投资,认为何贤具有奉献精神和崇高风范,造福桑梓,其爱国爱乡的精神深深影响着禺山大地。许昭德(2009)也在文章中肯定何贤作为商人的高尚品格:"何贤先生在澳门经商几十年,他不只经商言商,而更重视在商言义。数十年来,他为澳门社会和内地的经济利益和经济发展,甘心做亏本生意。"文中还谈及他为让内地人民了解澳门,非常关心和支持新闻电影事业。谢添顺(1984)在缅怀何贤一文中提及中国象棋事业发展前景,肯定"在何贤领导下,亚洲象棋联合会会务蒸蒸日上"的卓越成绩,称赞其对公益事业的热心及其平易近人、循循善诱的作风。

四、其他方面的研究述评

随着澳门的顺利回归,澳门特区首任行政长官、何贤之子何厚铧逐渐成为学界研究的热点。在研究何厚铧的同时,学者常常不忘论及他与父亲何贤的关系。在相关著作和文章里,有相当多的内容叙述了何贤生平以及对何厚铧的积极影响。如专著《〈澳门特首解密〉——何厚铧家族传》[①]用36个章节(全书共44章)的内容,按时间顺序考察了何贤生平及其事迹,认为"何氏家族依然是个了不起的家族,何厚铧的父亲依然是个青山一般的人物",而含着金钥匙出世的何厚铧"从来不把'父荫'当成护身符和炫耀品",自食其力、奋斗拼搏,还"秉承了父亲的德行——融入社会,不辞辛苦,排难息纷争"(吴楠,2000)。陈冠任(2006)撰写的《何氏父子》亦认为在何贤的言传身教下,何厚铧"子承父志,爱国爱澳",成为"一个锋芒渐露的澳门社会领袖"。此外,一些报刊杂志刊发了李兰妮、吴跃农、冯植等人的文章[②],一致认为何贤严于家教,培育子女有方,他的中国心深深影响着何厚铧,使其能秉承何贤遗风,接过他爱国爱澳之精神与和蔼可亲的待人品格,继续热心于澳门的公共事业和社会事务,为澳门社会经济的发展、澳门公众和祖国人民的福祉,殚精竭虑,不遗余力。因此可以说,何厚铧当选为澳门特区首任行政长官乃众望所归。

---

① 该书曾引发争议,此案亦为1999年十大文艺官司之一。
② 李兰妮的《父子两代澳门情——第一任澳门特区行政长官何厚铧的传奇故事》、王学信的《濠江潮涌粤海情浓——记澳门特别行政区行政长官何厚铧先生》、吴跃农的《何厚铧——继承父亲对祖国的情》、高原的《禀赋先父精神的澳门特首——何厚铧采访记》、世文的《何厚铧和他的父亲》、廖燕群的《何厚铧的中国心和澳门情》、雪岩的《新一澳门特首何厚铧及其家族》、冯植的《澳门特首与南海的亲缘》等。

五、关于进一步拓展何贤研究的思考

何贤研究始于 20 世纪 80 年代，澳门回归引发学者对澳门以及澳门重要人物的研究热潮。何贤是澳门著名的华商与爱国人士，何贤研究当属此一热潮范围。迄今，学界对何贤生平、商业经营策略、社会政治活动、对何厚铧的影响诸方面已经展开研究并取得一定的学术进展。但总体而言，相对于其他著名的港澳华商，学界对于何贤的总体研究仍较为薄弱，研究视野比较狭窄，研究力度远远不够，研究空间仍有待进一步拓展。

其一，目前何贤研究的最大问题就是史料不足。何贤本人及其至亲好友留下来的一手文字资料几乎没有，仅有的一手资料为黄子雅的《何贤与我形影的生活》；现存的研究成果多取材于此书及《何贤生平》等后人为其撰写的生平传记、澳门通史类著作等二手资料，而且在这些二手资料的内容中，对于新中国成立之前，尤其是何贤在澳门发家之前的记载少之又少。因此，史料不足是如今学术界对何贤研究存在的最大困难，限制了何贤研究的突破性进展。可见，推进何贤研究的当务之急就是挖掘和整理史料。研究者须从澳门的政府机构、中华总商会、银行机构等政治、经济、文化组织的史料记载和番禺、广州等地区的档案中翻寻相关史料，不余遗力地挖掘当时的报纸、何贤重要的朋友和亲人的回忆录、日记等一手资料，同时可利用和借鉴澳门当地健在普通民众的口述史料。

其二，研究论著数量较少，内容单一，专著多为文学传记、回忆录文章。虽然何贤是现代澳门的著名华商，其子为澳门特区首任行政长官，何氏家族在澳门具有举足轻重的地位，但关于何贤的整体研究并不多。从上述综述可见，与之相关的专著只有 5 本，专访、论文近 30 篇，该状况与其历史地位是不相称的。个人传记的内容夹杂了较多文学加工，难免失真，或有夹杂个人情绪的描述。在近 30 篇论文中，少有严谨的论文，大多为回忆性的文章或专访，尚不能称之为严格意义上的学术论文，且研究分散，各行其是。尽管对何贤的政治活动、商业经营、社会事业建设等方面有所涉及，但多流于表面，不够深入，且有内容观点重复的现象，内容大多借鉴《何贤生平》和《何贤传》这两本传记。对何贤研究尚未有全面、系统、严谨的研究论著问世。

其三，在研究层面上较少关注其经营思想与实践。关于何贤的研究多突出其对澳门华人、政府与家乡的贡献，较少涉及其在商业领域的贡献和经营思想。何贤不仅是一位著名的社会活动家，也是一位成功的商人。在一个局势动荡、金融市场风云变幻的工商社会，他以其独特的金融思想和策略，迅速拓展了澳门金融市场的一片天地。对于何贤这些成功的商业活动，在以往的学术研究中仅列举事例，较少深入分析原因和探讨其商业思想特点。新中国成立后，澳门社会各种势力交相存在，何贤却能谋求其产业的顺利发展。对此，之前的研究中，仅有杨小帆、林杨东的论文有所详细分析，至于何贤对澳门社会经济发展的具体贡献，几乎没有涉猎，这方面的不足与相关的史料缺乏大有关系。对于何贤经营大丰银行等经济方面的史料，内地并不多见。相关的史料散见于澳门档案、报纸、文集、笔记当中，需要研究者细致搜集并整理。

其四，在研究视角上，没有把何贤作为著名华商进行个案研究。"从一定意义上讲，澳门社会就是一个社团社会"，其中"中华总商会是跨越整个澳门工商界各行各业的社团"（刘祖云，2010）。何贤作为澳门中华总商会会长，作为20世纪40—50年代以来澳门最具代表性的华商，其影响范围不仅会涉及整个澳门的政治、经济、社会生活诸方面，最重要的是必然会影响到澳门华商、澳门华人社会的政治取向、社会心理等方面。因此，从华商的角度对何贤进行个案研究，开拓对其企业经营、社团功能、现代澳门华商群体、现代澳门华人社会等多方面的研究，加深研究力度，有助于更好地认识澳门社会华人人口占多数以及华商主导经济的特殊性，更深刻地理解华商在澳门发展及华人社会中的重要性。而已有的相关研究仅简单记载了何贤参与的实业活动和社会政治活动，深入的研究较少，且多为孤立的个体研究，尚未将其纳入华商家族、澳门华商群体与澳门华人社会的视角，分析何氏家族对澳门社会多方面的积极贡献。

总之，以往的研究业已表明，何贤研究尚有很大的学术空间。20世纪40年代以来，何贤在维系澳门的政治社会稳定，推进澳门的经济发展、社会事业建设乃至华人社会的和谐进步、中国内地经济发展诸方面都做出了重要贡献。展现这样一位在近现代澳门社会发展和新中国成立、建设中的著名华商的所思、所想、所为，不仅有助于推进何贤研究的深入发展，亦有助于丰富对澳门华商群体的整体了解和认识，从一个侧面呈现在20世纪政治格局大变动、经济发展迅速以及文化交流频繁的背景下，澳门社会的变迁和时代风貌。

参考文献

[1] 陈笠. 澳门银行同业公会 [J]. 中国工商，1989（12）：15.

[2] 谢添顺. 深切怀念何贤会长 [J]. 北方棋艺，1984（3）：21.

[3] 赵荣芳. 何贤生平 [M]. 中山：政协广东省中山市委员会文史编辑委员会，1990.

[4] 关振东，赵树荣. 何贤传 [M]. 澳门：澳门出版社，1999.

[5] 贺朗. 心存祖国 功在社会——喜读《何贤传》[J]. 源流，2000（2）：52-53.

[6] 芮立平. "华人澳督"——何贤 [J]. 中国人才，1999（11）：30-32.

[7] 吴建升. 何贤：为民请命兼济天下的爱国实业家 [N]. 晶报，2008-11-25（D03）.

[8] 吴楠，金华. "澳门王"何贤传奇 [EB/OL]. [2012-06-06]. http://style.sina.com.cn/news/2009-06-17/210243315.shtml.

[9] 陆蓉. 澳门回归十周年之澳门王何贤：真正强人 [EB/OL]. [2012-06-06]. http://news.stnn.cc/hongkong/200912/t20091204_1226359.html.

[10] 黄子雅. 何贤与我形影的生活 [M]. 澳门：澳门星光书店有限公司，2005.

[11] 杨小帆，林杨东. 澳门著名实业家何贤的经营策略 [J]. 湘潭师范学院学报：社会科学版, 2003 (11)：28-31.

[12] 向阳. 影响中国的历代名商：影响中国的历代名商的成功法则 [M]. 北京：中国致公出版社, 2003.

[13] 邵宗海. 澳门的社会结构与族群关系 [M] //陈广汉, 黎熙元. 当代港澳研究. 广州：中山大学出版社, 2011 (01)：95-105.

[14] 芮立平. 葡占澳门的"华人代表"——何贤 [J]. 纵横, 1999 (12)：30-33.

[15] 曾珅. 澳门一杆旗 [J]. 敬文：海外版, 2009 (2)：63-64.

[16] 汪雯, 蒋乐进. 何厚铧之父连遭暗杀的日子 [J]. 人民文摘, 2010 (6)：48-49.

[17] 吴跃农. 柯麟：对何贤影响最大的人 [J]. 党史文汇, 1999 (12)：33-35.

[18] 李永军. 柯麟影响何贤的几件小事 [EB/OL]. [2012-06-06]. http：//www.cnlu.net/disp.asp？id=52032.

[19] 芮立平. 澳门第一家族——"澳门王"何贤 [EB/OL]. [2012-02-20]. http：//www.people.com.cn/dadi/200003/subhome.html.

[20] 生命之光常在 何贤精神永存 [N]. 番禺日报, 2011-12-01 (A4).

[21] 许昭德. 支持我们工作的何贤、何厚铧先生 [EB/OL]. [2012-06-06]. http：//www.cndfilm.com/special/nham/20091218/102100.shtml.

[22] 吴楠. 澳门特首揭秘——何厚铧家族传 [M]. 广州：广州出版社, 2000.

[23] 陈冠任. 何氏父子 [M]. 北京：华文出版社, 2006.

[24] 李兰妮. 父子两代澳门情——第一任澳门特区行政长官何厚铧的传奇故事 [J]. 中国经贸导刊, 1999 (11)：43.

[25] 王学信. 濠江潮涌粤海情浓——记澳门特别行政区行政长官何厚铧先生 [J]. 海内与海外, 2006 (4)：1-7.

[26] 吴跃农. 何厚铧——继承父亲对祖国的情 [J]. 中州统战, 1999 (5)：8-10.

[27] 高原. 禀赋先父精神的澳门特首——何厚铧采访记 [J]. 福建党史月刊, 1999 (11)：3-5.

[28] 世文. 何厚铧和他的父亲 [J]. 世界文化, 1999 (4)：25-27.

[29] 廖燕群. 何厚铧的中国心和澳门情 [J]. 纵横, 1999 (12)：13-14.

[30] 雪岩. 澳门特首何厚铧及其家族 [J]. 内蒙古理论战线研究, 1999 (3)：4-5.

[31] 冯植. 澳门特首与南海的亲缘 [J]. 中国绿色画报, 2004 (10)：31.

[32] 刘祖云. 澳门社团政治功能的个案研究 [M] //陈广汉, 黎熙元. 当代港澳研究. 广州：中山大学出版社, 2010：179-199.

作者单位：暨南大学历史系

澳门现金分享计划及其制度化方向

鄞益奋

摘 要：2008年以来，澳门特区实施了7次现金分享计划，引发了对现金分享是否常规化的质疑。作为短期措施，现金分享计划存在固有的内在弊端，需要进行制度化的变革。澳门特区政府现金分享计划的制度化方向表现在三个方面：一是设立现金分享的发放规范机制，二是将现金分享计划纳入"双层式社会保障"体系，三是要确保"双层式社会保障"体系的可持续发展。

关键词：现金分享计划；双层式社会保障；可持续发展

作为一项还富于民的政策，现金分享计划并不是澳门特有的，也不是在澳门发端的。美国历史上就曾多次向全民退税；新加坡政府也曾从财政盈余中拿出资金，直接向国民派发，让国民分享国家财富增长的成果。从澳门境外的经验看，现金分享具有临时性的特点，许多国家和地区并不会把现金分享当成一种常规性的政策，而是基于某种特定的需要或情况下才会发生。例如，新加坡的现金分享更多的是发生在选举前为了获得选票的需要，香港的现金分享则是因为在严重的通胀压力下居民不同意注资强积金而改为现金分享。相比之下，澳门现金分享的持续性更加突出和明显，从2008年到2013年，本意上作为一项短期措施的现金分享计划在赞同与反对的争执中维持了6年。

现金分享计划之所以能够在澳门得以持续开展并成为澳门的特色，直接动因在于回归后澳门博彩经济的强劲发展和政府库房的"水涨船高"，同时与澳门特殊的产业结构所内在的"低税收、高福利"特质、澳门特区政府"与市民分享经济发展成果"的施政理念以及福利刚性定律等都密切相关。那么，澳门现金分享计划的走向如何？澳门现金分享计划在不久的未来是中断执行还是不断完善并成为澳门特色的福利制度和机制？本文将试图对这个问题进行学理分析，指出澳门现金分享计划的内在困境，并提出澳门现金分享计划可能的制度化方向。

一、澳门现金分享计划及其弊端

自2008年至2013年，澳门实施了7次现金分享计划（又称为"派钱"，但现任澳门行政长官并不认同这种说法，认为这是一种与民共同分享经济发展成果的措施）。从2008年以来，每位澳门特区的永久性居民从现金分享计划中总共获益39000澳门元（2008年获得5000澳门元，2009年获得6000澳门元，2010年获得6000澳门元，2011年获得4000+3000=7000澳门元，2012年获得7000澳门元，2013年获得8000澳门元)。

早在2008年开始现金分享的时候,何厚铧先生就强调这不是社会福利,而是一种临时性的分享措施。但经过7次现金分享后,澳门居民对政府的现金分享计划有相当的期待,现金分享已经成为近年来市民关注政府施政报告的焦点所在,在居民预期中,已经不自觉地把现金分享看成常规性的福利。这种心理预期的风险在于,政府一旦停止现金分享计划或减少现金分享的额度,将会引起市民很大的争议和不满。比如,2011年特区政府一开始的现金分享额度是4000澳门元,比2010年的现金分享少了2000澳门元,这一举措引起当时很多市民的怨气。可见,现金分享一开始虽定位为"临时措施",但在福利刚性的规律下,现金分享计划在澳门的发展有常规化的趋势,这种变化可能是特区政府当初设计现金分享计划时所始料未及的。

现金分享计划本质上是体恤民生、还富于民的措施,其最直接、最显而易见的好处是全民受惠,全体市民共享经济发展成果。从近几年特区政府的施政成效看,现金分享计划得到了大多数市民的欢迎和赞赏,相关调查问卷显示,现金分享是最让市民满意的施政成绩。然而,政府的公共政策不可能使所有人都满意,在多数人赞成现金分享计划的同时,澳门社会不乏反对现金分享计划的声音。诚然,现金分享可以使全民受惠,帮助居民减轻通胀压力。但与此同时,现金分享存在内在的问题和弊端。因此,从现金分享计划推行以来,澳门社会就一直有声音批评,现金分享计划反映了特区政府只能依靠短期的措施来处理社会福利问题,说明特区政府的社会福利缺乏长远规划。具体而言,当前对于现金分享计划批评的意见主要集中在两个方面:一是现金分享计划可能引发"养懒人",二是现金分享计划无法真正帮助有需要的人。

一方面,有些人指出,政府过度保护居民的政策会促使澳门居民依赖性增强,可能会导致大家懒散作风的形成,无法形成一种努力拼搏、积极向上的社会风气。有些人把居民这种需要保护的心态形容是"熊猫心态","长期以往会使社会不思取进,阻碍澳门提升竞争力"。有些社会人士甚至形容现金分享是"糖衣毒药",短期内能够让澳门居民受惠,但从长远来讲,现金分享对澳门的发展有害无益,它会让青年人对政府过度依赖,不劳而获。在他们看来,这无疑不利于青年人的成长,对培育青年人积极向上的作风有负面影响,对于社会健康向上的整体发展也有负面作用。

另一方面,也有人指出,现金分享可以帮助最底层的人,但其效果无法最大化和最优化。从社会福利配置效率的要求来看,最好的效果是政府能够把稀缺资源用到最需要的人的手中。从这个要求出发,现金分享使每个人平均受益的方式,无法实现把稀缺资源分配到最需要的人的手中的目的。也就是说,基于社会公平正义的价值,需要对群体加以重点的照顾和倾斜,但现金分享缺乏实现财富再分配的功能。从这个层面上讲,现金分享并不是真正意义上的二次分配,政府在这个过程中并没有进行收入的调整和财富的转移,没有发挥政府财政支出杠杆的平衡作用,也不会发生政府财政支出的乘数效应。

此外,在当前物价高涨的背景下,虽然澳门物价高涨的原因主要在于输入型通胀,和现金分享计划没有特别直接的关系,但也有声音认为现金分享计划的推出可能会推高物价,加剧通货膨胀的局面;也有些人认为现金分享的机会成本太高,假如这几年政府不实施现金分享计划,那节省下来的财政份额是相当可观的,如果政府把这笔资金投入到基础设施和民生设施改善的话,那么将能大大改善民生素质,并可大力推进澳门城市发展的进程。

二、设立现金分享发放的规范机制

当前,澳门现金分享问题恐怕已经不是简单的提升社会福利的问题,而是重要的政治经济问题,影响到特区政府管治的威信。在"科学施政"的核心理念之下,特区政府应该着手建立一个现金分享计划的规管制度和指标设计,确立"派不派钱"、"派多少钱"的科学依据,设立现金分享的条件,谋求现金分享计划的弹性化。从目前来看,特区政府主要可以从财政收入水平和居民预期供求两个方面设立相关的指标体系,规范管理现金分享计划。有了科学的现金分享的评估指标体系和机制,特区政府就有科学的依据来主导现金分享计划,使现金分享计划走上与社会经济发展相一致的弹性化的发展道路。

首先是作为供给层面的政府财政收入水平的指标。从源头上看,现金分享取决于经济发展而无法常规化,现金分享要根据经济增长和财政情况的好坏来决定"派不派钱,派多少钱"的问题。也就是说,现金分享需要以财政为基础和支撑,稳健的、有盈余的财政基础才有条件进行现金分享。换句话讲,如果在财政盈余的年度实行现金分享就是可行的;但如果在财政赤字的情况下,即使是全民呼吁现金分享以应对物价上涨和为民纾困,政府也会因为财政方面的窘境心有余而力不足。

一直以来,以博彩业为支柱产业,是澳门独特的产业结构。在博彩业主导的产业结构下,澳门特区政府的财政来源主要是博彩税。近些年澳门节节上升的社会福利水平,根本上依托于博彩业的快速发展。然而,众所周知,博彩业的发展有着高度的对外依赖性和风险性,由此也决定了澳门财政并没有一个牢靠的基础。这意味着,澳门现金分享的源头有高度的不确定性,如果博彩业的发展受到了冲击,澳门政府的现金分享自然也就难以为继。因此,现金分享的一个首要条件就是财政收入要有盈余。如果财政没有盈余甚至出现了财政赤字,肯定是无法进行现金分享;如果财政有盈余了,则应该根据财政盈余的多少来合理厘定现金分享的发放额度。

其次是作为需求层面的居民预期的指标。除了科学规划、专家咨询外,以民意为依托也是科学施政的题中要义。在现金分享的去留问题、多少问题方面,政府除了以财政收入水平为依托外,还要以居民预期作为重要的参考指标。政府需要开展科学调查,了解居民的各项合理、理性的需求、意见和建议。

在考虑财政收入水平和居民预期两大指标的基础上,政府还需要综合考虑各种经济社会发展指标,比如通货膨胀的程度、居民收入水平、居民社会保障的水平等方面的指标,科学确立现金分享计划的边界和条件,确保现金分享计划弹性化发展的科学基础，摆脱政府施政受"现金分享常规化"的困惑，真正从澳门实际出发设立具有澳门特色的社会福利制度，切实提升澳门居民的社会福利水平。

三、将现金分享计划纳入"双层式社会保障"体系

除了设立现金分享计划的规范机制外，现金分享计划的制度化方向还在于将现金分享计划纳入"双层式社会保障"体系，真正实现现金分享计划由短期福利措施向长期福利制度的根本转型。

（一）双层式社会保障：迈向全民社保

澳门原有的社会保障体制存在收益不高、覆盖不全面、象征性缴费等弊端，引发澳门对原有社会保障体系的改革，最终形成"双层式社会保障"的澳门新社会保障制度。

"双层式社会保障"的第一层，是对澳门原有的社会保障制度的完善。由于历史的原因，澳门原有的社会保障制度的覆盖面是较为有限的。虽然在社会保障制度发展的历程中，后来把自雇人士也纳入社会保障制度的范畴，扩大了社会保障的覆盖面，然而从整体上看，仍然有相当多的澳门居民被社会保障制度拒之门外。据统计，在2006年，领取养老金的长者为11991人，而全澳65岁或以上的人口为36027人，养老金之覆盖率只有33%。在这种情况下，社会普遍要求特区政府扩大社会保障制度的覆盖面，实现一个全覆盖的、全体澳门市民都能受益的社会保障制度。为此，特区政府响应居民诉求，在2007年底就酝酿推出"双层式社会保障"的社会保障制度。其中，"双层式社会保障"的第一层，就是完善澳门原有的社会保障制度，扩大社会保障基金受益的覆盖面，并着力提升包括养老金在内的各项社会保障收益的水平。

"双层式社会保障"的第二层，是新设的中央公积金制度。在2008年的施政报告中，特区政府决定："在进一步完善社保基金制度的同时，引入创新思路，创立非强制性的中央公积金制度。此一制度的重点是，政府先从现有财政盈余滚存中拨出部分金额，形成启动资金，设立非强制性的中央公积金，日后则根据当年财政盈余等情况，再决定是否继续增加注资。"[①] 进入2010年，特区政府拨出33亿澳门元启动中央储蓄个人账户，即向每个符合资格开户居民账户注入1万澳门元启动资金。在2011年的施政报告中，特区政府又决定为每名合资格居民账户内再注入6000澳门元。在特区政府的施政理念中，特区政府将逐步将短期的福利计划过渡到长期的中央储蓄制度，力求促进社会保障体系不断完善。

"双层式社会保障"是特区政府根据澳门社会经济发展的形势并响应社会各界的要求而提出的具有澳门特色的社会保障制度。概括地说，"双层式社会保障"就是在

---

① 《中华人民共和国澳门特别行政区政府二零零八年财政年度施政报告》，2007年11月13日。

完善澳门原有社会保障基金的基础上,增加一个新的保障体系。按照"社会保障和养老保障体系重整咨询方案"的最初构想,完善社会保障基金的主要内容包括扩大覆盖面、增加供款,从而在满足公众诉求的同时保证澳门社会保障基金的可持续发展。设立非强制性的中央公积金的原意,则是给市民提供一个较为宽裕的退休保障。所谓的双层,是由社会保障基金和非强制性的中央公积金构成的两个层面的社会保障体系,使澳门居民在退休后得到由社会保障基金提供的"基本"和"最基本"的保障,以及由非强制性的中央公积金提供的"较佳"和"较宽裕"的保障。①

"双层式社会保障"响应了澳门居民多年的诉求,体现社会保障的普遍性原则和利益普惠原则。"双层式社会保障"最大的亮点在于将所有的澳门居民纳入社会保障制度中,为澳门居民提供基本的退休保障、养老保障和社会保障。和原有的社会保障制度相比较,"双层式社会保障"不再局限于保障本地雇员的退休生活,而是一项为所有澳门居民提供基本的社会保障和养老保障的计划,以改善居民的生活素质。在"双层式社会保障"的法案中,受保障的对象由雇员扩至全民,所有永久、非永久居民均有平等参与权利,不工作人士、家庭主妇、企业主或以前因种种原因不被纳入社会保障的人士都被纳入了社会保障的范畴,真正实现全民社会保障。

(二)逐步将现金分享计划过渡到长期的中央储蓄制度

2010年澳门特区政府的施政报告指出:"特区政府除了决定延续去年的现金分享计划以外,将认真研究计划实施成效,在充分听取民意、严谨论证的基础上,逐步将短期计划过渡到长期的中央储蓄制度的社保体系中,力求促进社会保障体系不断完善。"在2010年施政报告中,除了承诺当年要加快落实"双层社会保障"以外,还透露出特区政府对于现金分享计划的态度和取向。

"将短期计划过渡到长期的中央储蓄制度的社保体系"的提法表明,特区政府致力于把短期的福利计划转化为长期的制度设计,使得澳门社会福利成为一个可预期的、制度化的福利。在2011年的施政实践中,特区政府发放了4000澳门元的现金分享,同时将6000澳门元拨入每位年满22周岁的澳门永久居民的中央公积金账户中,显示出特区政府这种把短期的现金分享措施转变为长期的社会保障体系的想法其实已经有了政策行动。

然而,由于居民较为注重眼前利益以及福利刚性等方面因素的影响,现金分享过渡到社会保障体系的做法出现了一些阻碍:2011年底政府为了满足居民的诉求,向每位永久居民二次发放了3000澳门元的现金分享;2012年、2013年政府又向每位永久居民发放了7000澳门元和8000澳门元的现金分享。这说明现金分享计划转化为中央储蓄制度的方式是逐步的,难以一步到位。

---

① 《澳门特别行政区政府社会保障和养老保障体系重整咨询方案》,2007年11月1日。

四、确保"双层式社会保障"的可持续性

在短期福利计划转化为长期中央储蓄制度的过程中,还要充分重视"双层式社会保障"的可持续性问题。在这方面,"双层式社会保障"充分注意到了制度发展的可持续原则,在制度安排上建立了实现可持续发展的三层机制。

首先,"双层式社会保障"规定了标准供款年期为30年,并把养老金的领取额度与供款年限联系起来,从而拓宽了社会保障的供款收入来源。原有的社会保障法律规定,凡是符合年满65岁或以上、在本地区居住最少7年,及已向社会保障基金供款最少60个月等申请条件的居民,不论其供款年期长短,均可领取相同份额的养老金。新的社会保障制度则订定标准供款年期为30年,并规定养老金金额取决于供款年期长短,按比例发放,已供款30年的受益人可领取全份养老金,供款不到30年的受益人则按相关比例发放。

其次,"双层式社会保障"规定,在厘定供款及给付的金额时,须确保该制度的可持续性。也就是说,雇员和雇主的供款额是可以根据社会经济的发展形势做出改变,从而确保社会保障制度的可持续性。当然,就目前来看,特区政府表示2011年新社会保障制度实行后,暂不会调升社会保障基金的供款额,仍以现时供款金额计算。但就长远而言,新社会保障制度为供款金额的适时调整预留了空间,有利于维持新社会保障制度的稳定性和持续性。

最后,"双层式社会保障"规定澳门特区政府对于社会保障的给付负连带责任。在澳门社会保障体系中,政府从一开始就承担着主导的责任,劳资双方的供款只是占社会保障收入来源很小的比例。当前,特区政府已经表示,政府保证会投入足够的资源,如政府可以通过调整源自博彩税收的款额比例,加强在社会保障方面的投入,维持社会保障制度的稳定性和持续发展。

为了进一步确保"双层式社会保障"的可持续发展,需要对中央公积金制度进行明确化的规定,如需要在中央公积金如何实现保值增值、如何合理分配雇主雇员供款比例、是否转为非强制性中央公积金等问题上加以明确规定,在如何平衡居民权利和义务、长远积累与短期分享、如何与市场挂钩等方面进行更加深思熟虑的制度设计,才能更好地为"双层式社会保障"的可持续发展提供制度保证。对此,特区政府在2010年的施政报告中就提到:"特区政府已推出双层式社会保障制度,逐步形成包括社会保障基金、中央储蓄制度等构成的社会保障。构建相对完善的社会保障和养老保障体系,是广大市民和政府的共同努力目标。然而,政府还需深入分析社会保障的公共政策如何平衡居民权利和义务、长远积累与短期分享、应如何与市场挂钩,以使我们现时的经济成果不但能满足眼前,更能顾及长远,为本澳的可持续发展奠定坚实的基础。"

此外,特区政府还需要进一步理顺关于社会保障基金和非强制性中央公积金的关系。依照政府有关官员和"双层式社会保障"咨询文本的表述,社会保障基金和非强

制性中央公积金是"基本"保障和"宽裕"保障的关系,淡化了最为关键和核心的政府、企业、居民的责任分工问题。从某种意义上看,政府承担的责任更多地体现在最为基本保障的社会保障基金上面,中央公积金提供的"宽裕"的社会保障原则上应该由企业承担。基于当前澳门特区政府财政盈余比较宽松和澳门中小企业经营困难等各方面因素的考虑,政府在中央公积金中采取了优先承担的姿态,拨出几十亿澳门元的财政盈余作为启动基金。然而,政府对于中央公积金的责任承担要维持多久?政府在承担了一段时期后退出,是否会引起公众的不满?政府是否需要加快确定企业在中央公积金方面的相关责任,以进一步厘清和还原社会保障基金和中央公积金的关系?就此,非强制性中央公积金和有些企业已有的私人退休金计划的关系如何,也是需要进一步厘清的问题。

总体来看,"双层式社会保障"需要追求政府与市场、居民的责任分担,避免政府责任过重的局面,确保社会保障制度的可持续发展。因此,澳门特区政府需要领会"政府、企业和个人责任共享"的深刻内涵,在中央储蓄制度的运行中需要格外强调企业责任的到位;否则,第二层的中央储蓄制度就可能会蜕变为政府资助制度,从而使政府背负沉重的负担。

五、结　　论

澳门特区政府推行现金分享计划的初衷和定位,是政府与市民共享经济成果、政府帮助市民解决民生疾苦的临时性措施。当一项临时性的措施持续了六个年头之后,现金分享计划在居民心理预期上已经成为一种思维定势,现金分享计划在澳门似乎有常规化的趋势。然而,一旦现金分享计划常规化,将存在内在的隐忧和困惑。因此,在现金分享的问题上,特区政府需要对现金分享计划进行深思熟虑的制度设计,才能更为公平合理地分配和善用公共资源,切实做到"以人为本"、"以民为念"。

参考文献

[1] 周宏. 福利的解析 [M]. 上海:上海远东出版社,1998.
[2] 徐延辉. 福利国家的风险及其产生的根源 [J]. 政治学研究,2004 (1):71-77.
[3] 刘继同,冯喜良. 转型期多元主义实践和整体性福利理论框架 [J]. 北京大学学报:哲学社会科学版,2005 (5):129-135.
[4] 刘继同. 国家与社会:社会福利体系结构性变迁规律与制度框架特征 [J]. 社会科学研究,2006 (3):115-120.
[5] 夏学銮. 构建整合社会福利制度探讨 [J]. 北京大学学报:哲学社会科学版,2006 (5):115-121.

作者单位:澳门理工学院社会经济与公共政策研究所

中国经济论坛

我国金融服务贸易与经济增长关系的 VAR 模型分析

王亚丹

摘　要：本文以我国金融服务贸易对经济增长的影响为研究对象，对两者之间的关系进行检验，并建立 VAR 模型进行分析。结果表明，我国金融服务贸易可以促进经济增长，并且经济增长与金融服务贸易、金融服务贸易开放度比率之间存在着长期均衡的关系。最后，提出了一些促进我国金融服务贸易发展的政策建议。

关键词：金融服务贸易；经济增长；VAR 模型

一、我国金融服务贸易的发展现状

（一）金融服务贸易的概念

金融服务贸易概念首次出现在 1986 年的《关贸总协定》乌拉圭回合谈判中，后来在 1994 年的乌拉圭回合谈判中达成的《服务贸易总协定》（GATS）的《金融服务附录》中对其定义进行了具体和详细的界定。其将金融服务贸易诠释为：金融服务贸易是指一成员方的金融服务提供者向另一成员方的金融服务需求者所提供的任何与金融有关的服务，它包括所有保险和与保险有关的服务，以及所有银行和其他金融服务（保险除外）。根据 GATS 中关于金融服务贸易的定义，金融服务贸易可以分为跨境交付、境外消费、商业存在和自然人流动四种贸易模式。

目前，商业存在贸易模式在实际的贸易中所占的比例达 70% 以上，跨境交付贸易模式所占的比例为其次，而自然人流动和境外消费这两种模式所占份额非常小。因此，目前金融服务贸易以商业存在和跨境交付这两种模式为主。

（二）我国金融服务贸易的发展状况

自从 1988 年 Lngo Walter 首次提出金融服务贸易的概念以来，金融服务贸易的自由化和迅速发展成为世界经济和金融界的亮点。据国际收支平衡表中的相关统计，目前服务贸易中 90% 以上都是金融交易，因此国际金融交易在当今国际经济的平衡和发展中起着越来越重要的作用。由于在我国的服务贸易中，旅游服务贸易和运输服务贸易长期以来占有较大的比重，而金融服务贸易所占的比重相对比较低，因此发展比较缓慢。自从 20 世纪 90 年代我国金融市场对外开放后，我国的金融服务贸易也得到了进一步发展,并且随着旅游和运输服务贸易在我国国际服务贸易中所占比重的逐渐下降,金融服务贸易的比重不断提高(表1)。根据我国外汇管理局公布的数据显示,1997年,我国金融服务贸易进出口额为15.72亿美元,占服务贸易进出口总额的比重为3.0%;到2011年,我国金融服务贸易进出口额达到了245美元,是1997年的15.6倍,占服务贸易进出口总额的比重达到8%左右,其中出口占服务贸易出口的比重从0.8%增长到2.09%,进口占服务贸易进口的比重为8.61%(图1)。由此可以预见,作为新兴服务贸易的金融服务业将逐步成为现代服务贸易的核心和主流,并将对经济产生重要作用。所以,一国金融业的发展,尤其是金融服务贸易的发展将会对一国国民经济的发展产生决定性的影响。因此,研究金融服务贸易促进经济增长的理论将具有一定的现实意义。但是,由于我国金融服务贸易发展比较滞后,我国关于金融服务贸易对经济增长的贡献的研究文献还较少,所以本文力图在这一研究领域进行一次新的尝试和探索,希望可以拓展这一研究领域的研究视角。

表1 我国金融服务贸易进出口情况

单位:亿美元

年份	金融业服务贸易			保险业服务贸易			金融服务贸易(金融业和保险业)		
	进口额	出口额	进出口总额	进口额	出口额	进出口总额	进口额	出口额	进出口总额
2001	0.77	0.99	1.76	27.11	2.27	29.38	27.88	3.26	31.14
2002	0.90	0.51	1.41	32.46	2.09	34.55	33.36	2.60	35.96
2003	2.33	1.52	3.85	45.64	3.13	48.77	47.97	4.65	52.62
2004	1.38	0.94	2.32	61.24	3.81	65.05	62.62	4.75	67.37
2005	1.59	1.45	3.04	71.99	5.49	77.48	73.58	6.94	80.52
2006	8.91	1.45	10.36	88.31	5.48	93.79	97.22	6.93	104.15
2007	5.57	2.30	7.87	106.64	9.04	115.68	112.21	11.34	123.55
2008	5.66	3.15	8.81	127.43	13.83	141.26	133.09	16.98	150.07
2009	7	4	11	113	16	129	120	20	140
2010	14	13	27	158	16	174	172	29	201
2011	7	9	16	198	31	229	205	40	245

资料来源:根据国家外汇管理局的《中国国际收支平衡表》2001—2011年数据整理而成。

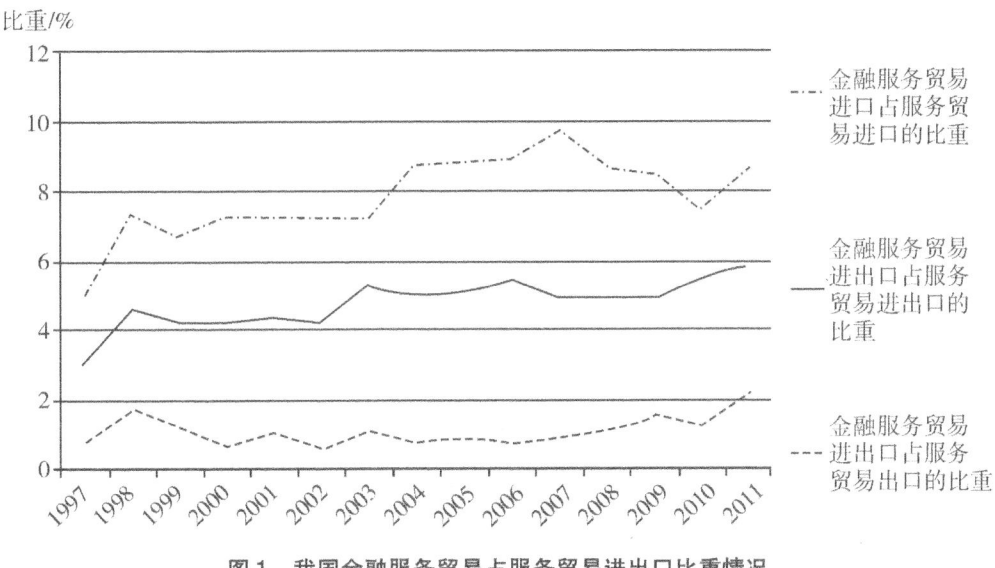

图 1　我国金融服务贸易占服务贸易进出口比重情况

资料来源：根据《1997—2011 年服务贸易进出口分项表》（中国服务贸易指南网）和历年《中国统计年鉴》数据整理而成。

二、我国金融服务贸易发展中存在的问题

由上面对金融服务贸易发展现状的分析可以看出，虽然我国的金融服务贸易发展迅速，但还处于初级阶段。整体来说，金融服务贸易进出口额呈上升状态，但保险业服务贸易一直存在逆差，且贸易缺口一直在扩张。总结我国金融服务贸易的发展特点，目前主要存在以下问题。

（一）我国金融服务贸易的内部结构和区域发展极不均衡

我国金融业涵盖的服务领域主要有银行、保险和证券等行业。由我国金融服务业的发展特点可以看出，我国金融服务贸易的内部结构很不均衡：银行业服务占绝对的主导地位，而保险业、证券业和其他信托投资业所占的比重相对比较低。这极不利于我国金融业的发展，应该加快改善这种不平衡状况，使金融服务贸易能够均衡发展，特别是应该增强保险业服务贸易的发展。

同时，我国金融服务贸易的区域发展极不协调。据相关统计，我国国内银行和外资银行中约有 90% 分布在经济发达地区，而经济相对落后地区特别是西部地区的银行等金融机构非常少，尤其是外资银行更是屈指可数，由此可见我国金融服务贸易出现了地区分布严重不平衡的现象。而且，在农村地区金融机构分布也较少，常常出现供不应求的现象，这些将不利于农村经济的发展和农民生活水平的提高，从而会影响我国经济的整体发展水平。

（二）我国金融机构从事国际业务的能力较低

目前，我国金融机构如银行业发展还相对滞后，因此还没有形成真正完善的市场体制和金融体系。根据《巴塞尔协议》的要求，我国商业银行的资本充足率和风险资本仍然处在较低水平，从而使得资产质量和自由资本率比较低，这将会加大银行的金融风险并降低其经营效率，从而使我国银行业的国际信誉受到较大的影响。另外，与世界发达国家的大银行相比，我国商业银行显得规模较小，银行体系不够完善，效率相对较低。因此，在国际业务方面，我国银行不具备与国际大银行竞争的实力。

（三）我国金融服务贸易进出口结构不平衡，尤其是保险业的发展相对滞后

自从我国金融市场开放以来，我国金融服务贸易得到了迅速发展；但从长期来看，进口额一直大于出口额，贸易存在逆差。分析其中的原因，主要是我国金融机构的国际业务发展水平和产品层次都比较低，同时由于我国金融服务贸易参与国际市场竞争的时间还比较短，竞争意识不够强，因此在服务质量和种类上都无法与国际大型跨国金融机构相比。整体来说，我国跨境支付的金融服务贸易之所以进口大于出口，是因为我国金融服务贸易的竞争力相对比较弱。

另外，从金融服务贸易的结构来看，保险服务贸易的发展比较落后。1997年，保险业服务进口额占金融服务贸易进口总额的比例为76.3%，其中保险业服务贸易逆差为8.7136亿美元，占金融服务贸易总逆差（11.6891亿美元）的比例为74.5%；到2011年，保险业服务进口额占金融服务贸易进口总额的比重为94.17%，保险业服务贸易逆差为167亿美元，而金融服务贸易总逆差为166亿美元（图2）。由此可见，正是保险业发展相对落后，才使得我国金融服务贸易经常出现逆差，竞争力相对较低。

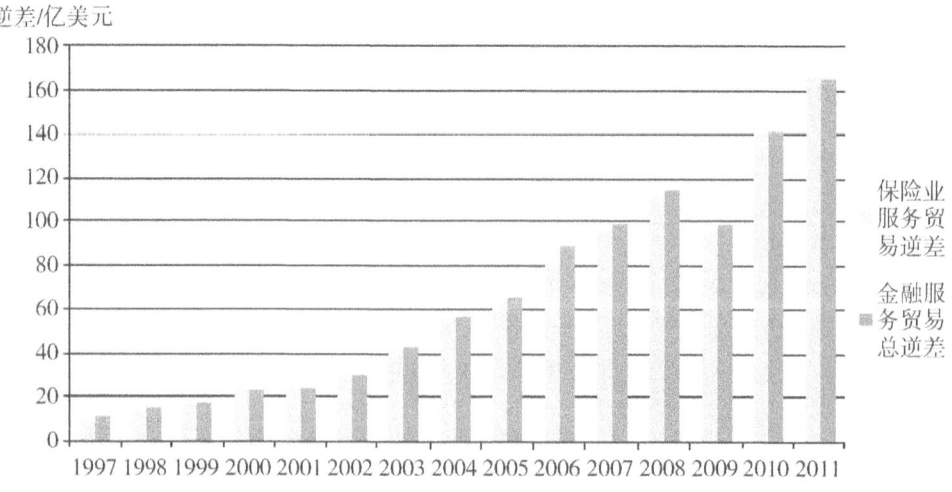

图2　我国保险业服务贸易逆差和金融服务贸易总逆差

资料来源：根据国家外汇管理局《中国国际收支平衡表》的资料整理而成。

(四) 我国金融服务业的整体水平较低,国际竞争力比较弱

一般来说,发达国家的金融服务业增加值占 GDP 增加值的比重在 6% 左右。到 2012 年,我国金融服务业增加值占 GDP 增加值的比重还只有 5.26%,所以与世界金融强国相比,我国金融服务业整体发展水平较低。2009 年,我国金融服务贸易出口达到 20 亿美元(占服务贸易出口总额的 1.56%),进口为 120 亿美元(占服务贸易进口总额的 7.59%),出现了较大的贸易逆差;同期世界金融强国如美国的金融服务贸易一直为顺差。另外,由于我国金融机构的开发技术比较落后,金融机构业务创新能力也不强,电子化程度比较低,金融工具和品种很单调,因而缺乏自主创新的动力。相反,国外发达国家的金融业开发新型金融产品的能力较强,金融产品的种类繁多,为客户提供的服务更全面。所以,相比较来说,我国金融服务贸易在国际市场尚不具有竞争优势。

三、我国金融服务贸易对经济增长贡献的实证分析

(一) 国内外研究概况

1. 国外研究综述

国外对金融服务贸易的研究起步相对较早,因而出现了大量的研究文献。总结这些研究结果,主要有以下几个方面的内容:

(1) 金融服务贸易相关理论综述。国外关于金融服务贸易的相关研究主要是从规范和实证两方面来进行的。在规范分析方面,贡献较大的学者有 James R. Markusen、S. Djajie、J. R. Melvin、R. W. Jones 等;另外,还有些学者研究了在规模经济和不完全竞争条件下应该怎样确定金融服务贸易模式的问题,如 James R. Markusen (1986) 分析了生产者服务贸易下产生的规模经济对金融服务贸易的影响。关于实证的研究也相对较多,如 G. Karsenty (1992) 运用显示性比较优势法进行分析,并得出结论:一国收入水平与金融服务贸易的比较优势成正比。

(2) 金融发展与经济增长关系的文献。早在 20 世纪 60 年代,国外就有学者开始研究金融发展与经济增长的关系,如 Hugh T. Patrick (1996) 运用"需求追随"(demand-following) 和"供给引致"(supply-leading) 两种方法研究了金融发展与经济增长之间的关系,认为金融发展能够产生供给引致效应,并可以通过促使存量资本所有权及其构成的变化来推动经济增长;由 McKinnon (1973) 和 Shaw (1974) 提出并经后来的经济学者如 Galbis (1977)、Mathieson (1980)、Fry (1982) 等加以发展的金融发展理论也认为金融部门的发展对经济增长有积极的促进作用;至 20 世纪 90 年代,许多经济学家通过建立更加接近现实的理论模型,分析和研究了金融发展对经济增长的重要贡献,如 Lewis、Greenwood (1990) 和 Patrick (1996) 建立内生金融发展模型,证明了金融发展与经济增长之间存在一种互动关系。

（3）金融服务贸易与经济增长的相关文献。由于国外许多国家金融发展比较先进，因此经济学家对金融服务贸易促进经济增长的理论和实证研究相对较多。如Claessens和Glaessner（1998）的研究显示，如果阻碍东亚金融服务贸易的发展就会降低金融市场的发展速度，这从反面证明了金融服务贸易可以促进金融业的发展；Francois与Schuknecht（1999）建立了一个跨国增长回归模型来进行分析，结果显示金融部门开放与金融部门竞争力以及经济增长之间都存在着显著的正向关系；Francois和Schuknecht（2000）将实际的人均GDP增长率作为因变量，将贸易开放度指标、金融部门集中度指标以及主要宏观经济变量作为自变量，进行回归，发现经济增长率和金融服务部门竞争之间存在着明显的相关关系；又如Francois和Eschenbach（2006）首先分析了金融市场开放、金融部门竞争和经济增长之间的动态关系，然后利用130个国家的样本数据进行回归验证，结果发现金融部门开放、金融部门竞争与经济增长之间有显著的正向关系；Khoury与Savvides（2006）利用1990—2000年间的60个国家数据，分析了金融服务贸易开放对收入不同的国家经济增长的影响程度，结果表明金融服务市场开放可以促进高收入国家的经济增长。

2. 国内研究综述

我国金融服务贸易起步比较晚，因此在这方面的研究相对于发达国家要落后。直到20世纪90年代，我国金融市场对外开放后，金融服务贸易才引起我国学者的关注并成为研究的焦点。总结国内学者的研究，主要有以下两个方面：

（1）对我国金融服务贸易国际竞争力的研究。徐洪水、殷兴山、赫绎奋（2003）先构建了一个城市金融竞争力评价指标体系，然后运用相关的统计方法对长江三角洲地区的金融竞争力进行了评估，结论表明，长江三角洲地区的金融竞争力与其金融资源的分布有很大的关系，最后根据长江三角洲金融聚集的态势，提出了提升长江三角洲地区及其各城市金融竞争力的相关措施。陈珉、邓世荣（2004）从融资能力、市场潜力、自然资源等方面分析了江苏省金融服务贸易的竞争优势，接着提出了该省目前所面临的问题，最后提出了一些金融服务贸易的发展战略。禹响平、李伍荣（2008）对中、日、韩三国金融服务贸易做了相关介绍和比较，并分别从RCA指数、TC指数、国际市场占有率的角度对这三国的金融服务贸易国际竞争力进行了实证检验和比较，结果表明我国金融服务业竞争力明显落后于日本和韩国，最后提出了提升我国金融服务贸易国际竞争力的相应措施。

（2）关于金融服务贸易与经济增长关系的研究。李璐、王玺（2005）分析了金融服务贸易自由化对一国金融效率乃至经济增长的影响，同时分析了金融效率在一国金融服务贸易政策选择中的作用，然后结合中国金融效率的现状，提出了提高我国金融效率、促进经济增长的战略，以及促进中国金融服务贸易自由化的政策选择。詹艺丹（2007）研究后认为，金融服务贸易自由化能够提高东道国金融体系的效率进而推动经济增长，其效益可以通过多种方式来实现，因此发展中国家实行金融服务贸易的自由化时应考虑模式、时机和步骤是否适当。陈勇、谢建敢（2008）采用2001—2005年的跨国面板数据，实证检验了金融服务贸易开放对经济增长的作用，检验结果表明,金融服务开放与银行的资本收益率显著正相关,但与银行费用成本、利息收入和经济增长率之间的关系不明显。黄桂良、陈恩(2010)实证分析了金融服务贸易对香港经济增长的贡献,结果表明,香港经济的金融服务贸易依存度在不断提高,并且香港金融服务贸易在长期和短期内都可以促进经济的增长;最后,文章还提出了加快香港金融服务贸易发展、促进经济增长的建议,如扩大出口到内地的金融服务、提升金融服务的国际竞争水平以及优化金融服务贸易的结构等。

(二)变量和数据说明

本文选取的样本区间为1998年至2012年第二季度的季度数据共58组,数据分别取自历年《中国统计年鉴》、《中国国际收支平衡表》、《中国金融统计年鉴》和2012年《中国经济统计快报》。经济变量主要有国内生产总值(GDP,用来衡量经济增长)、金融服务贸易出口(EX)、金融服务贸易进口(IM)和金融服务贸易开放比率(ITS,=金融服务贸易进出口额/第三产业GDP)。EX、IM和ITS作为解释变量,GDP作为被解释变量。为了消除时间序列的异方差性,分别采取上述变量的自然对数形式即 $\ln EX$、$\ln IM$、$\ln ITS$ 和 $\ln GDP$,建立计量模型进行分析。

(三)检验结果

1. VAR模型建立与估计

VAR是指系统内每个方程都有相同的等号右侧变量,而这些变量包括所有内生变量的滞后值。当每个变量都对预测其余变量起作用时,这组变量适合用VAR模型表示。VAR模型对于相互联系的时间序列变量系统是有效的预测模型。下面以 $\ln GDP$、$\ln EX$、$\ln IM$ 和 $\ln ITS$ 为内生变量建立VAR模型。其代数表达式如下:

$$\ln GDP = 1.190200396 \times \ln GDP(-1) + 2.049349159 \times \ln GDP(-2) - 0.2073943286 \\ \times \ln IM(-1) - 1.932733604 \times \ln IM(-2) - 0.1249971201 \times \ln EX(-1) \\ + 0.04197225183 \times \ln EX(-2) + 1.291919848 \times \ln ITS(-1) + 1.202979704 \\ \times \ln ITS(-2) - 1.242580718。$$

同时,对于建立的VAR模型,应该确定合理的滞后阶数。本文选择6个评价统计量的值,经分析可知,在6个评价指标中有5个认为应该建立VAR(4),即滞后阶数为4,则确定建立VAR(4)模型。

2. VAR模型平稳性检验

由于非平稳的VAR模型不可以做脉冲响应函数分析,所以在分析之前,要对VAR的平稳性进行检验。通常用单位根来检验变量的平稳性,如果全部根的倒数值都在单位圆内,VAR模型是平稳的;否则就不平稳。检验结果如图3所示。由图3可知,全部变量单位根的倒数值都落在单位圆内,所以VAR模型是平稳的,因此可以进行协整、脉冲响应等分析。

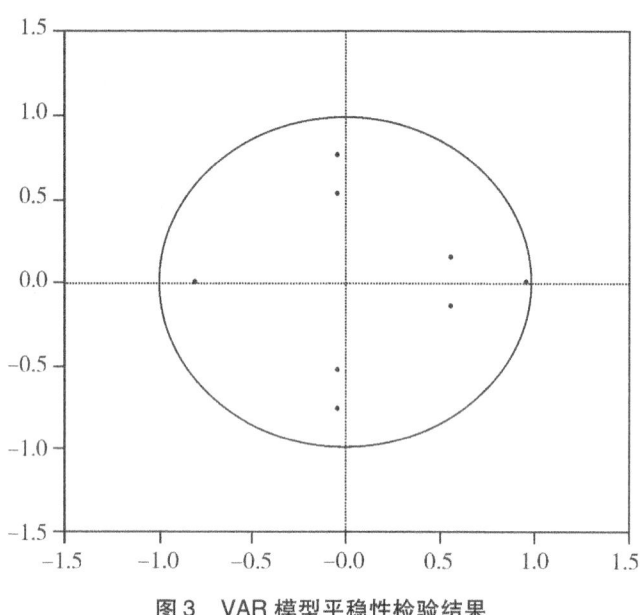

图3 VAR模型平稳性检验结果

3. 协整性检验

经过对残差序列的 ADF 检验可知残差序列是平稳的,因此可以用比较常用的 Johansen 检验来检验这 4 个变量之间的稳定性关系。这里采用变量的自然对数,检验结果如表 2 所示。

表2 Johansen 检验结果

假设方程的个数	特征值	迹统计量	5%显著性水平	P 值**
None*	0.540484	54.98280	47.85613	0.0093
At most 1	0.422574	28.54504	29.79707	0.0692
At most 2	0.246669	9.873086	15.49471	0.2906
At most 3	0.007109	0.242556	3.841466	0.6224

说明:**和*分别表示在0.05和0.1的显著性水平下可以拒绝原假设。

从表 2 可以看出,以 5% 的显著性水平判断,因为迹统计量 54.98280 > 47.85613,28.54504 < 29.79707,所以这 4 个变量存在协整关系,这是因为金融服务贸易出口可以通过影响总需求、消费和投资等促进经济增长,金融服务贸易进口可以通过提高国内金融机构的生产率等来反向影响经济,而 GDP 又会对金融服务贸易进出口产生一定的促进作用,从而影响金融服务贸易市场的开放度。

同时,根据协整结果所给出的标准化协整参数向量可以知道,GDP、金融服务贸易进口和出口、开放度比率四个变量之间的比例关系为 1∶1.056∶0.050∶1.290,金融服务贸易开放度比率较大。

4. 基于 VAR 模型的脉冲响应分析

脉冲响应函数（impulse response function）是用来衡量随机扰动项的一个标准差冲击对其他变量当前和未来取值的影响轨迹，它能够刻画出在随机扰动项上增加一个标准差的冲击使得这些内生变量偏离均衡的状态。经过上面的 ADF 检验可知，时间序列是稳定的，因此可以进行脉冲响应和方差分解。为了更好地检验模型的稳定性，这里运用所有变量的一阶差分进行脉冲响应分析，预测期为 15，结果如图 4 所示。

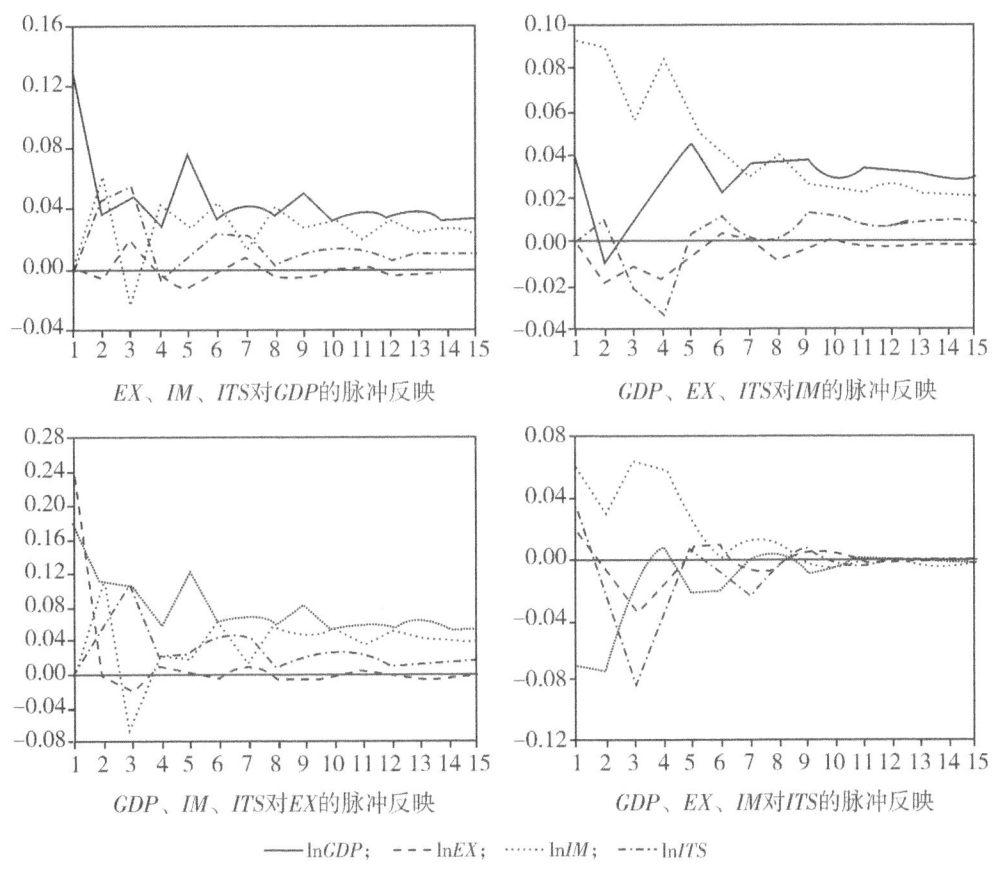

图 4 VAR 模型的脉冲响应总体曲线

由上面的脉冲响应图可以看出，如果给其中任何一个内生变量一个标准差大小的冲击，初期时对自身的影响都比较大，同时也会对其他内生变量产生一定的影响；随着时间的推移，这些冲击的幅度会变得越来越小，最后几乎趋于零，达到稳定状态。所以可以得出结论：所有的内生变量受到的序列冲击影响随着时间的推移越来越小，也可以说明对应的 VAR 模型是一个稳定的系统。

5. 基于 VAR 模型的方差分解分析

上面的脉冲响应函数描述的是 VAR 模型中给予其中一个内生变量一个标准差大小的冲击会给其他内生变量带来怎样的影响。而方差分解是通过分析每一个结构冲击对内生变量变化的贡献度，进一步评价不同结构冲击的重要性，可以了解到每一个结构冲击对模型内生变量的相对重要性。下面对金融服务贸易进口和出口、开放度比率和 GDP 进行方差分解，选取的预测期数为 15。

从变量 lnGDP 的方差分解结果（表 3）可以看出，GDP 的预测误差主要是由其自身和金融服务贸易进口、出口的扰动所引起的，进口、出口的影响幅度比较接近；开放度比率对 GDP 的扰动力相对很小。三者对 GDP 的影响初期都为零，而随着时间的推移，影响逐渐变大；同时，这三者对 GDP 增长的影响在短期内都出现过波动。

表3 ln GDP 的方差分解结果

时期	S.E.	lnGDP	lnIM	lnITS	lnEX
1	0.131390	100.0000	0.000000	0.000000	0.000000
2	0.156155	75.89980	15.73913	0.122152	8.238914
3	0.175146	67.85720	14.47612	1.426591	16.24008
4	0.182521	64.55734	19.01245	1.360899	15.06931
5	0.199983	68.12714	17.66140	1.541596	12.66987
6	0.208631	64.87511	20.85175	1.424876	12.84827
7	0.214651	65.23814	20.01948	1.498017	13.24436
8	0.220986	63.90672	22.13439	1.456347	12.50255
9	0.228829	64.62210	22.018485	1.421650	11.87140
10	0.234042	63.67466	23.22100	1.360010	11.74433
11	0.238509	63.91191	23.13849	1.316612	11.63299
12	0.243088	63.45550	23.98814	1.28383	11.27252
13	0.247786	63.61404	24.10610	1.246364	11.03349
14	0.251523	63.28143	24.60262	1.210672	10.90527
15	0.254991	63.34551	24.69909	1.178021	10.77738

从变量 lnIM 的方差分解结果（表 4）可以看出，金融服务贸易进口短期内主要受其自身和 GDP 的影响较大；同时，受金融服务贸易出口和开放度比率的影响很小，并且短期内出口对进口的影响程度大于开放度比率。这些扰动都是随着时间的推移逐渐变大的。如金融服务贸易出口对进口的影响刚开始为零，到了第 15 期时就增大到近 4.43%。同时，三个变量对金融服务贸易进口的影响都出现了短期波动。

表4 ln*IM* 的方差分解结果

时期	S. E.	ln*GDP*	ln*IM*	ln*ITS*	ln*EX*
1	0.102008	17.28036	82.71964	0.000000	0.000000
2	0.138185	9.920675	87.66090	1.871583	0.546840
3	0.151910	9.744743	85.77731	2.089119	2.388825
4	0.181766	10.82232	81.63169	2.431725	5.114268
5	0.195858	14.70632	78.61692	2.231815	4.444947
6	0.201818	15.00296	78.27407	2.142292	4.580685
7	0.207064	17.20044	76.40805	2.035105	4.356405
8	0.214448	19.21912	74.69233	2.026903	4.061642
9	0.219994	21.29938	72.55966	1.933033	4.207924
10	0.223670	22.23336	71.50837	1.877699	4.380578
11	0.227518	23.70646	70.13634	1.816260	4.340937
12	0.231626	24.88982	69.05390	1.775288	4.280988
13	0.235164	26.00564	67.89746	1.723811	4.373091
14	0.238085	26.76269	67.12496	1.681770	4.430571
15	0.241019	27.64958	66.27845	1.643613	4.428354

从变量 ln*ITS* 的方差分解结果（表5）可以看出，短期内，金融服务贸易进口、出口，*GDP* 对开放度比率的扰动都有贡献，其中 *GDP* 贡献最大，其次是进口，最后是出口。*GDP* 对开放度比率的影响程度短期内一直维持在 30% ~ 35%，进口对开放度比率的影响在逐渐减小，出口和开放度比率本身对开放度比率的影响随着时间的推移在逐渐增大。还可以看出，这3个变量对开放度比率的影响程度短期内也出现了微小的波动现象。

表5 ln*ITS* 的方差分解结果

时期	S. E.	ln*GDP*	ln*IM*	ln*ITS*	ln*EX*
1	0.101718	46.22171	38.26116	3.883355	11.63378
2	0.131426	58.87777	27.92760	2.836909	10.35772
3	0.172856	34.91620	29.94509	6.034929	29.10379
4	0.188253	29.66742	35.52168	6.511290	28.29962
5	0.191313	30.21324	35.70896	6.537385	27.54042
6	0.192937	30.90295	35.11220	6.656470	27.32837
7	0.195251	30.17531	34.78135	6.742287	28.30105
8	0.195627	30.09431	34.82722	6.828704	28.24977

续表 5

时期	S. E.	ln*GDP*	ln*IM*	ln*ITS*	ln*EX*
9	0.196097	30.20510	34.69063	6.878234	28.22604
10	0.196388	30.26199	34.68392	6.894953	28.15913
11	0.196554	30.21390	34.62656	6.914709	28.24484
12	0.196568	30.21317	34.62617	6.919713	28.24095
13	0.196726	30.25473	34.61526	6.923674	28.20633
14	0.196823	30.27180	34.62188	6.919733	28.18659
15	0.196865	30.27253	34.61191	6.921016	28.19454

从变量 ln*EX* 的方差分解结果（表 6）可以看出，短期内，*GDP* 和开放度比率对金融服务贸易出口的影响很大，对进口的影响相对较小；并且，随着时间的变化，*GDP* 和金融服务贸易进口对金融服务贸易出口的重要性越来越大，而开放度比率的促进作用越来越小。另外，金融服务贸易进口对出口的影响出现过几期波动。

表 6　ln*EX* 的方差分解结果

时期	S. E.	ln*GDP*	ln*IM*	ln*ITS*	ln*EX*
1	0.310924	34.91590	0.000570	65.08353	0.000000
2	0.351133	36.12237	10.16396	51.03515	2.678526
3	0.389143	36.96681	11.31276	41.82299	9.897440
4	0.393999	37.88840	11.27554	40.86625	9.969818
5	0.414719	43.28564	10.46025	36.88487	9.369240
6	0.425764	43.14204	11.81189	35.00823	10.03784
7	0.434199	44.17949	11.43219	33.71426	10.67406
8	0.441686	44.39308	12.66170	32.59304	10.35218
9	0.452049	45.78040	13.02170	31.14970	10.04819
10	0.459226	45.79107	13.98567	30.18530	10.03795
11	0.465335	46.39690	14.18261	29.40180	10.01869
12	0.471635	46.57780	14.97936	28.63151	9.811334
13	0.478187	47.12792	15.33843	27.86051	9.673144
14	0.483478	47.26025	15.87623	27.25502	9.608502
15	0.488361	47.61013	16.13684	26.71280	9.540237

6. 误差修正模型（ECM）

由上面的协整分析可知，可以建立误差修正模型，以观察变量之间的短期调整机制和长期均衡关系。建立无约束 VAR 模型时，这几个变量之间的误差修正模型估计结果如表 7 所示。

表 7 误差修正模型的估计结果

方程	$D(\ln GDP)$	$D(\ln IM)$	$D(\ln ITS)$	$D(\ln EX)$
$ECM(-1)$	0.996485	-1.171014	-1.662393	-2.280544
$\Delta \ln GDP(-1)$	-1.582245	1.008251	0.524828	1.098570
$\Delta \ln GDP(-2)$	0.252539	2.773348	0.262059	-0.356515
$\Delta \ln IM(-1)$	1.076230	-0.426420	-1.317336	-1.526821
$\Delta \ln IM(-2)$	-0.120854	-2.232978	-0.844024	0.030484
$\Delta \ln ITS(-1)$	-0.723344	1.203006	1.146327	1.220232
$\Delta \ln ITS(-2)$	0.698939	2.563413	0.955629	-0.254384
$\Delta \ln EX(-1)$	-0.118151	-0.557425	0.060863	0.121264
$\Delta \ln EX(-2)$	-0.160752	-0.493616	0.055143	0.130535
C	0.064717	0.066245	0.079118	0.013892

由于本文主要讨论金融服务贸易对经济增长的影响，因此这里只考虑第一个误差修正模型。由表 7 可知，修正系数约为 0.9965，表示模型具有一般的误差修正机制，即在模型偏离均衡状态后，它会以 0.9965 倍的正向速度向均衡状态调整；也表示即使在短期内，GDP 对金融服务贸易进出口和开放度比率的影响也比较明显。还可以看出，金融服务贸易进口在滞后一阶对经济增长的影响为正向，对 GDP 的促进作用很大，滞后两阶则调整方向变为负，且作用很小；金融服务贸易出口在滞后两阶对经济增长的影响均为负，且效果十分微弱；金融服务贸易开放度在滞后两阶对 GDP 的调整方向都为负，且对 GDP 的调整作用越来越大。

7. 格兰杰因果关系检验

这里采用格兰杰（Granger）因果方法来考察我国金融服务贸易开放度比率、进出口和 GDP 之间是否存在因果关系。检验的结果如表 8 所示。

表 8 格兰杰因果关系检验

原假设	样本容量	F 统计量	概率 p 值
$\ln EX$ 不是 $\ln GDP$ 的格兰杰原因	34	0.61974*	0.68610
$\ln GDP$ 不是 $\ln EX$ 的格兰杰原因	34	2.71695**	0.04525
$\ln IM$ 不是 $\ln GDP$ 的格兰杰原因	53	3.30417**	0.01321

续表 8

原假设	样本容量	F 统计量	概率 p 值
lnGDP 不是 lnIM 的格兰杰原因	53	4.61144***	0.00192
lnITS 不是 lnGDP 的格兰杰原因	53	4.16224***	0.00368
lnGDP 不是 lnITS 的格兰杰原因	53	2.34033*	0.05814
lnIM 不是 lnEX 的格兰杰原因	34	2.61890*	0.05139
lnEX 不是 lnIM 的格兰杰原因	34	1.72096	0.16982
lnITS 不是 lnEX 的格兰杰原因	34	0.54770	0.73839
lnEX 不是 lnITS 的格兰杰原因	34	0.88195	0.50884
lnITS 不是 lnIM 的格兰杰原因	53	4.16224***	0.00368
lnIM 不是 lnITS 的格兰杰原因	53	2.80589**	0.02831

说明：滞后期为 5；＊＊＊、＊＊和＊分别表示在 0.01、0.05、0.1 的显著性水平下可以拒绝原假设。

由以上的检验结果可以看出：金融服务贸易进出口是经济增长的格兰杰原因，经济增长也是金融服务贸易进出口的格兰杰原因；金融服务贸易开放度与 GDP 也互为格兰杰原因；金融服务贸易进口与金融服务贸易开放度之间具有格兰杰因果关系，即金融服务贸易进口可以促进金融服务市场的开放，而金融市场的开放也可以促进金融服务国际进口量的增加。

三、促进我国金融服务贸易发展的对策建议

根据前文的分析结果，我们可以看出，我国金融服务贸易还处在相对落后的状态，国际竞争力水平也较薄弱。但因其对经济增长的促进作用正在逐步体现，所以加速我国金融服务贸易的发展和提升其竞争力水平，对我国国民经济发展和社会财富积累具有很大的意义。总的来说，可以从以下几个方面采取相关的措施：

（1）促进我国金融服务贸易进口和出口的平衡性发展。上文协整检验的结果表示，我国金融服务贸易进出口与 GDP 增长之间存在长期稳定的关系，这表明我国金融服务贸易进出口的发展能够促进经济的增长；其中，我国金融服务贸易的进口对经济增长具有很大的促进作用，而出口对 GDP 的效应很小。因此，在加快金融服务贸易进口的同时，也应该注重金融服务贸易出口的发展，以使我国金融服务贸易进口与出口并驾齐驱，同时发挥其经济效应。

（2）注重我国金融服务贸易结构的均衡协调发展。目前，行业结构发展不平衡、区域发展不协调是我国金融服务贸易发展中存在的主要问题。首先，我国金融服务的行业结构严重不均衡，银行、证券和保险三大行业的发展规模有很大的差距，其中银行机构占主导地位，而证券、保险以及其他信托金融服务机构所占比例非常小。这种

行业结构使得不同的金融机构之间不断竞争,行业集中度非常低,很难形成规模效应。所以,我国应改善金融服务的行业结构,鼓励行业和跨行业间的兼并合作以产生规模效益。同时,我国金融服务贸易的区域发展也严重不协调,如目前金融机构大量集中在大中城市,西部地区和农村金融服务机构严重偏少。因此,加大我国农村金融体系的改革力度、扶持农村金融机构的发展是我国现阶段建立金融服务发展体系的战略性选择。

(3) 完善金融监管体系,并有效防范和控制金融风险。自从加入 WTO 后,我国金融市场开放速度不断加快。但在全球金融市场不断一体化的背景下,我国迫切需要加强和完善金融业监管,特别是要按照国际化标准,通过建立适合金融创新的金融监管体制,加强监管外资金融机构的力度,深度和建立银行、保险、证券三大机构的监管协调机制,以抵御国际金融市场的经营风险对国内金融市场产生的不利冲击。

(4) 拓展金融服务贸易空间,鼓励金融服务业"走出去"。在当代经济一体化日益深入的情况下,我国金融服务业应该实施国际化战略,积极走向国外。只有与国外金融服务业不断交流和竞争,才能在合作中实现双赢,并学习国外先进的金融监管理念和管理经验,从而不断提高本国金融服务业的发展水平。

参考文献

[1] Francois J, Schuknecht L. Trade in Financial Services: Precompetitive Effects and Growth Performance [J]. CEPR Discussion Paper, 1999 (5): 235 – 237.

[2] Francois J, Schuknecht L. International Trade in Financial Services, Competition and Growth Performance [J]. Centre for International Economic Studies, 2000 (6): 198 – 201.

[3] Denise E, Keith E Maskus. Quantifying the Impact of Services Liberalization in a Developing Country [J]. Journal of Development Economics, 2006 (3): 90 – 93.

[4] 陈恩,黄桂良. 金融服务贸易对香港经济增长贡献的实证分析 [J]. 广东社会科学,2010 (2): 78 – 83.

[5] 黄满盈,邓晓虹. 中国金融服务贸易国际竞争力的影响因素:基于"钻石模型"的实证分析 [J]. 世界经济研究,2011 (7): 45 – 60.

[6] 陈恩,黄桂良. 金融服务贸易对香港经济增长贡献的实证分析 [J]. 广东社会科学,2010 (2): 78 – 83.

[7] 张武,郑磊. 我国金融服务贸易发展现状及对策研究 [J]. 统计与咨询,2009 (6): 12 – 13.

[8] 刘建廷. 中日韩金融服务贸易竞争力比较分析:FTA 视角 [J]. 对外经贸,2012 (7): 38 – 42.

[9] 潘爱民,王洪卫. 我国金融发展影响经济增长的路径分析 [J]. 上海财经大学学报,2006 (5): 76 – 82.

[10] 孙茂辉. 服务贸易对澳门经济增长贡献的实证分析 [J]. 世界经济研究,2005 (1): 76 –

83.

[11] 叶春明. 金融服务开放中的结果转换与效率：我国金融服务贸易的现状与趋势 [J]. 金融理论与实践, 2006 (11): 15 - 18.

[12] 朱雪梅, 刘元庆. 略论服务贸易与澳门经济发展 [J]. 当代港澳研究, 1998 (2): 31 - 34.

[13] 王慧. 中国金融服务贸易的国际竞争力分析 [J]. 金融财税, 2010 (4): 45 - 47.

[14] 王运祥, 曹琳琳. 对香港服务业的解读与反思 [M]//陈广汉, 黎熙元. 当代港澳研究: 第 7 辑. 广州: 中山大学出版社, 2012: 1 - 47.

[15] 庄丽娟. 国际服务贸易与经济增长的理论与实证研究 [M]. 北京: 中国经济出版社, 2007.

[16] 周小颖. 我国旅游服务贸易促进经济增长的路径研究 [D]. 大连: 大连海事大学, 2009.

[17] 周天芸, 李曦. 香港的金融机构集聚及其效应研究 [M]//陈广汉, 黎熙元. 当代港澳研究: 第 1 辑. 广州: 中山大学出版社, 2009: 1 - 14.

作者单位：中山大学岭南学院

Contents

Social Debates on Crossing border in Hong Kong in 2012 ·················· LI Xiyuan

    Abstract: Since crossing border activities of mainland people aroused big debates in the society of Hong Kong, some new border regulations have been carried out during 2012-2013. The closing policies of Hong Kong to the mainland are the opposite of the mainland opening to Hong Kong. It may imply that Hong Kong people had supposed their local interest loss in the border open of Hong Kong and the mainland.

Free Personal Traveling Impact on Industry Wage in Hong Kong ················ WANG Yu

    Abstract: As Europe's debt crisis intensified, Hong Kong's economy seems to be to go into the similar 2003, with the cooperation between the mainland and Hong Kong more and more closely, the central government began to hope that through further easing conditions to stimulate Hong Kong's economic freedom. However, further expanding freedom lead more and more people beginning to boycott of mainland tourists in Hong Kong. After 2003, the public protests in Hong Kong much too often, the situation in Hong Kong after the return to the stable rise abruptly. The author through the industry's actual income index as the breakthrough point, from the angle of economic analyse for actual five industries free of average index (construction industry, financial insurance, manufacturing, import and export trade, wholesale and retail, transportation). By adopting five industries in 2000-2011 panel data analysis, found that free line have negative effect on construction industry, the financial insurance industry do big promoter action, and the following is import and export trade.

Impacts of the Mainland Tourists on the Hong Kong Economy

    —A Empirical Study on the Relationship between Tourists and Price ······ CEN Weibo

    Abstract: This article elaborates the importance of the mainland tourists in Hong Kong's inbound tourism market after analyzing the structure of the market, the duration of stay, the amount of the consuming and the seasonal fluctuations of the market. In addition, based on the result of the causality analysis and impulse response analysis on the data from 2002 to 2011, the article proposes that the price of clothes and the number of the mainland tourist have an interrelationship with each other. While the price as a whole in Hong Kong is affected by the number of the mainland tourist as well, such impact is limited and should not be overemphasized.

Empirical Study on Industrial Structure and Economic Growth of Hong Kong
—Based on Four Pillar Industries ·· CHEN Xiongchao

Abstract: Firstly, this paper analyzes and evaluates the evolution of the four pillar industries in Hong Kong during 1995 – 2010. An empirical test was taken on the relationship between the pillar industries and economic growth, finding that there exists a cointegration relationship between them. Then this paper estimates the output elasticity of different industries, finding that the output elasticity of trade logistics, professional services and other business support services are comparatively large, besides that promoting economic growth is not obvious for tourism. Finally, we calculate each of the four pillar industries' contribution rate to economic growth. And the basic conclusion is that trade and logistics industry show a downward trend in the contribution to economic growth since 2004. The contribution rate of tourism is the smallest compared to other three pillar industries but in a rising trend.

Unification of the International Ocean Freight Forwarding Law in Hong Kong,
Taiwan, Macao and Mainland China ·· LI Ke

Abstract: "One Country, Two Systems, Three Law Systems, Four Jurisdictions" in China makes different agency laws in the four jurisdictions, which lead to the difference of international ocean freight forwarding laws among the four jurisdictions, especially on the issue of identifying the legal status of ocean freight forwarder. This paper focuses on the difference of "identification" issue in the four jurisdictions and the possibility of unification of the international ocean freight forwarding laws in China.

The Analysis on model characteristic of the political structure of Hong Kong SAR
·· XU Chang

Abstract: The political structure of Hong Kong SAR, constitutes an important part of the SAR system stipulated by Basic Law, which offers the forms adjusting and formulating the relations both between the central authorities and the SAR, and the public organs within the SAR internal structure, in basic belongs to Chinese state governs systems upon specific district. Based on such a theory, the essay probe into the principles for system design, point out the self-governs in administration, legislation and jurisdiction of SARs, under the supervision and restriction of the central authorities, could not constitute and complete and independent system to realize the nature of check and balance of powers. Therefore, to use concept "check and balance of powers" to describe the model characteristic of SARs, obviously is not quite suitable academically and practically.

The Analysis of Hong Kong's Stock Market Efficiency: Based on Event Study
.... YANG Zhu

Abstract: This paper uses event study to analyze whether the Hong Kong's stock market has arrived at the semistrong-form efficient market hypothesis. Thirty stocks of Hang Seng Index constituent stock are picked out as a sample and use their annual financial statement announcement as an event to study the response, including the price and abnormal return of relevant stocks, of Hong Kong's stock market to this event. The result shows that no evidence indicates that the Hong Kong's stock market has arrived at the semistrong-form efficient market hypothesis.

The Constructional Analysis of the Motivation Mechanism of the Optimization of
   Macao's Industrial Structure .... CHE SEI TAK

Abstract: *The National Twelfth Five-Year Plan* has taken a chapter as a planning of Hong Kong and Macao, in which it mainly mentioned how to optimize Macao's industry. However, the gaming industry "an industry dominance", which to cause Macao SAR's fiance has highly dependent on the revenue of the gaming industry and its dependence, growing up with each day. Under relying on the gaming revenue, does Macao SAR have a real thinking of how to optimize industrial structure by motivation mechanism? If does, then what factors have contributed to the Macao SAR government to promote industrial structure optimization? And how to set up a model of motivation mechanism for the optimization of industrial structure. Theorists has been lacking in this area discussed. By the constructional analysis of motivation mechanism of the optimization of Macao's industry structure, it may provide a theoretical explanation for responding to *the National Twelfth Five-Year Plan* and the industrial structure of a single. It has great practical significance for promoting the optimization of industrial structure, balancing structure, and responding *the National Twelfth Five-Year Plan*.

A Review on the Studies of Macao Chinese Merchant Ho Yin .... HU Yun, XIA Quan

Abstract: Mr. Ho Yin, enjoying the title of "the king of Macao" and "Chinese Governor of Macao", is a famous industrialist, social activist in Macao and even Chinese modern history. His legendary life has made indelible contribution to maintaining the prosperousness of Macao, strengthening the economic and cultural exchanges between China and Portugal and developing the social economy of China mainland. So far, the academic have made great progress on the research of Ho Yin's biography, business operating strategy, social activities and charitable contributions. However, researches on Ho Yin are still comparatively weak. Not only the amount is scanty, content is simplex, but also most articles are not strictly academic research, even some fields are unnoticed. So there remains much space for further researches. This paper summarizes the existing research findings on Ho Yin, and puts forward some new ideas for the research on Ho Yin, so as to promote the in-depth study.

The Wealth Partaking Scheme in Macao and its Institutional Direction .... YIN Yifen
  Abstract: From 2008, Macau SAR government has taken seven Wealth Partaking Schemes. Some people suspects whether the Wealth Partaking Scheme will be routinized. As a short-term measure, Wealth Partaking Scheme has inner shortcomings and need institutional reformation. The institutional directions of The Wealth Partaking Scheme include three aspects: regulating the Wealth Partaking grant mechanism, fitting The Wealth Partaking Scheme into "two-layer social security", and insurance of he sustainable development of "two-layer social security".

VAR Model Analysis on Contribution of China's Trade in Financial Service and
 Economy Growth .... WANG Yadan
  Abstract: In this paper, we set the China's financial service trade's impact on economic growth as the research object, then made the model of financial service trade promoting economic growth as the base. We did the test for the relationship between financial service trade and economic growth, and also set up a VAR model to conduct the analysis. The results show that the trade in financial services can cause economy to grow rapidly. In addition, there is a long-term equilibrium relationship between economic growth and financial service trade. Finally, combining the results of theoretical and empirical analysis, the paper proposed some advice on how to improve the developmental level of trade in financial services.

征 稿 启 事

1. 《当代港澳研究》为教育部人文社会科学重点研究基地中山大学港澳珠江三角洲研究中心主办的学术集刊。本刊旨在推动中国和海外的有关港澳经济社会发展问题的学术研究及学术交流，增进海内外学术同行的交流。《当代港澳研究》将致力于为国内外港澳研究的专家学者提供一个发表学术创见、展开学术对话的卓越平台。

2. 本刊提倡从学术专业的角度对当代港澳问题进行研究。欢迎海内外学者不吝赐稿，从经济学、社会学、管理学、政治学、法学、史学等各个领域展开对当代港澳问题的学术研究。本刊不收取任何形式的审稿费和版面费。

3. 本刊以中文为主，也欢迎海外学者用英文投稿。

4. 本刊坚持严格的学术规范，鼓励深入细致的学术研究，推崇资料翔实和观点创新。来稿对文中的引述和引用，应有严谨详细的注释。

5. 论文字数一般应在8000字以上，编辑部采用稿件有分期发表及学术性删改的权利。

6. 本刊严格采用匿名评审制度。作者可以选择邮寄方式或 E-mail 方式投稿（两种方式任选其一）。为了匿名审稿的需要，请将个人信息（作者姓名、工作单位、研究方向、通信地址、联系电话、电子信箱等）全部放在与正文内容相独立的首页，并在正文中隐去所有与作者相关的信息。

7. 稿件评审结果将在收到稿件的3个月内通知作者。稿件如被录用，会通知作者按照本刊的编辑体例做最终的修改定稿。3个月后不获用稿通知，作者可自行处理稿件。

8. 稿件中一切立论不代表本刊观点，作者自负文责。

9. 本刊编辑部设在中山大学港澳珠江三角洲研究中心，联系方法如下：

邮政地址：中国广东省广州市新港西路135号，中山大学港澳珠江三角洲研究中心《当代港澳研究》编辑部
邮　　编：510275
电子邮件：jshkmac@mail.sysu.edu.cn
电　　话：+86-20-84113236
传　　真：+86-20-84036749
刊物主页：http://jshkmac.sysu.edu.cn

投稿方式说明

近来发现有不法网站冒用本刊的名义征稿,特此提醒各位投稿人,《当代港澳研究》目前使用的投稿方式主要为以下两种:

(1) 期刊系统投稿。

请登录《当代港澳研究》网页 http://jshkmac.sysu.edu.cn,或登录中山大学港澳珠江三角洲研究中心主页,进入"学术期刊"栏目,点击"作者投稿"按钮,即可投稿。

(2) 电子邮件投稿。常用的投稿邮箱包括以下两个:

jshkmac@mail.sysu.edu.cn(中山大学港澳珠江三角洲研究中心期刊专用邮箱),
puhkmac@mail.sysu.edu.cn(中山大学港澳珠江三角洲研究中心公共邮箱)。

除上述投稿方式之外,其他用《当代港澳研究》名义征稿的网站均为冒名网站。敬请投稿人多加留意,分辨真伪。由此给您带来不便,还请谅解。

中山大学港澳珠江三角洲研究中心
《当代港澳研究》编辑部
2012 年 4 月

稿 件 体 例

一、稿件形式

以研究型论文为主,字数在 8000～15000 字为宜。

二、格式要求

1. 稿件首页包括:

➢ 中文标题

➢ 作者有关信息(包括姓名、所在单位、通讯地址、邮政编码、联系电话、电子邮件等)

2. 稿件次页应包括:

➢ 中文标题、英文标题、中文摘要(300 字以内)、中文关键词(3～5 个)、英文摘要(300 字以内)、英文关键词(3～5 个)

➢ 稿件如获基金项目资助,则需注明(包括项目编号)

三、注释体例

1. 正文引用。

(1)在引文后以圆括号注明作者名、出版年份。如引文之前已出现作者名,则在名字后直接用圆括号注明出版年份。中文名字标注名与姓,外文名字标注姓。

例 1:"×××……。"(Waldo,1984)

例 2:Waldo(1984)

例 3:白重恩(2006)

(2)正文中括号注的具体规范为:被引用著作作者超过 3 位(包括 3 位),可只列第一作者,中文文献后加"等",英文文献后加"*et al.*";引用相同作者同一年份内不同文献,则按照文中出现的先后顺序,在年份后标出小写英文字母顺序;引用论文集文献,直接注明作者姓名。

(3)引用原文文字过长(一般为三行以上)时,需将整个引文单独成段,并左缩进两个字符。

2. 注释。

不宜在正文中出现但需要进一步澄清、引申的文字,采用当页脚注,用①、②、③……标注,每页重新编号。

3. 参考文献。

(1)列于正文后,并与正文中出现的括号注一致。同时按照英文、中文依次排列。

（2）英文、中文文献都按照作者姓名拼音从 A 到 Z 排列。参考文献中所有的作者必须全部列出。英文文献姓在前面，名的首字母大写，著作与期刊名用斜体字。

（3）其他未公开发表的文献按作者、年份、题名、出处顺序标注，学位论文类文献按照作者、年份、题名、毕业大学顺序标注，网络文献按照作者、年份、题名、访问网站名称、访问路径、访问时间顺序标注。

4. 统计图表及其他示意图。

（1）统计图表及示意图应是完整整体。

统计图表在文中应尽量一页显示。若在 word 页面中位置不够，应另起一页显示。根据图表比例，调整页面的纵横向设置，配合展示图表。

对于那些由线与数字、符号等重叠组成来表示意义的图表，应保证线、数字、符号的位置不会由于换行、图表的放大和缩小、格式调整等因素而造成图形错乱不可读。保证图表是完整的整体，可整体剪切、粘贴或移动而不影响阅读。

（2）图表名称及编号。

图表居中排，均用阿拉伯数字连续标号，并注明图表名称；表号、表名标注在表的上方居中，图号、图名标注在图的下方居中，例如"表1……""图1……"等。

（3）"注"需标注于图表的下方，以句号结尾。

（4）"资料来源"须标注于"注"的下方，并按正文引用格式标注文献。

5. 关于体例未尽之处，请电邮至 puhkmac@ mail. sysu. edu. cn 咨询详情。

四、全文格式

1. 字体及字号。

（1）中文采用宋体，西文及数字采用 Times New Rome。

（2）正文：五号字体。

（3）摘要和关键词：小五，"摘要:"及"关键词:"加粗；下空一行。

（4）标题：

➢ 文章题目：小三，加粗，下空一行，居中；如果存在副标题的情况，要求副标题的字体为小四。

➢ 一级标题：小四，加粗，居中，标题号为"一、"、"二、"……。

➢ 二级标题：五号，加粗，缩进两文字位置，标题号为"（一）"、"（二）"……。

➢ 三级及以下标题：字体字号与二级标题同，三级标题号为阿拉伯数字"1."、"2."……；四级标题号为"（1）"、"（2）"……。

2. 段落及行距：段前段后均为 0 行，1.25 倍行距。

3. 参考文献格式。例如：

参考文献

［1］Lin, Tzong-Biau. Growth, Equity, and Income Distribution Policies in Hong Kong[J]. *The Developing Economies*, 1985 (23): 391 – 413

[2] 陈向东, 蔡文学. 基于分灾模式的结构防灾减灾设计概念初探[J]. 自然灾害研究, 1996 (4): 22-27

五、权利与责任

1. 请勿一稿数投。

2. 投稿 3 个月内未收到刊用通知者, 请自行处理。

3. 文章一经发表, 版权即归本刊所有。凡涉及国内外版权问题, 均遵照《中华人民共和国著作权法》及有关国际法规执行。